西南西北博物馆

镇馆之宝

丁尧 ◎ 编著

北京大学出版社
PEKING UNIVERSITY PRESS

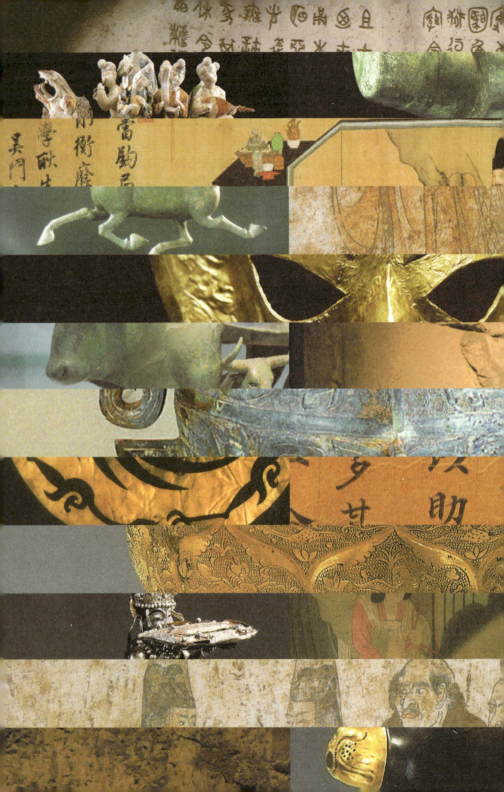

序 博物馆从哪里来

博物馆收藏有众多文物，世界知名度较高的北京故宫博物院、中国国家博物馆、上海博物馆等都是有百万件家底的大馆，且百万珍藏中不乏国之瑰宝、传国宝器，一般的县级博物馆也都有超过万件的藏品，那么有读者就会问，数量如此之巨的馆藏都是哪里来的呢？

不难发现博物馆馆藏的大多数来源于继承、调拨和移交。北京故宫博物院的藏品大多是继承了明清两代皇室的收藏，包括明以前的历代文物和明清两代官廷生活用器。建国后，各地博物馆为了支援中央博物馆事业，通过行政命令调拨了一些器物充实提高了北京故宫博物院的藏品基础，使得故宫博物院收藏的文物体系更加完备。建国后最集中的一回文物调拨要数 1959 年组建中国历史博物馆的那次了。当时为了庆祝建国十周年要赶在国庆节前开馆，藏品不够就从全国各地的博物馆藏品中紧急借调，在短时间内借到了大盂鼎、四羊方尊等珍贵藏品，在之后的几十年中又陆续从各地考古发掘的文物中挑选了精品补充到展览中，历史博物馆与革命博物馆合并为中国国家博物馆后，国家文物局又将所管的几十万件文物移交给国博，这才有了现在的中国国家博物馆的收藏规模。按照我国《文物保护法》的规定，考古发掘出来的所有物品在研究结束并向社会公布后，都应该移交到出土地区的博物馆保管收藏，这也成了博物馆藏品的重要来源之一。近些年，随着市场经济的不断发展，部分考古机构也成立了自己的博物馆专门收藏展示自己发掘的珍贵文物。

建国初期，苏州潘达于女士将家族历经磨难保存下来的西周青铜重器大盂鼎、大克鼎等捐赠给上海市文物管理委员会，随后作为上海博物馆的镇馆之宝对外展出，至今仍是博物院接受捐赠的美谈佳话。北京故宫博物馆也接受了民国大收藏家张伯驹先生捐赠的一系列书画珍品，件件都是难得的百代名品，给因为书画精品大部分南运台北故宫博物院而略显单薄的北京故宫博物院的书画类收藏增添不少可观佳作，其捐赠的书画藏品至今都是故宫书画收藏中的压箱底之作，由此可见捐赠文物也是博物馆藏品来源的重要一环。

2003年，北京故宫博物院花一笔在当初显得比较大的钱数收购了隋人书《出师颂》帖卷，补充故宫收藏书法作品中缺少隋代藏品的不足。可当时在社会上引起了一阵不小的风波，有人说故宫花了纳税人那么多的钱买的并不是晋朝人真迹的假货，之后有专家站出来解释说《出师颂》虽非晋人作品，确是存世难见的隋人书章草杰作，这才免掉一次愈演愈烈的风波。可见对于文物收购要慎之又慎，一方面要让公众觉得花大价钱并不冤枉，另一方面要有足够的鉴定能力去证明收购文物确系珍品。

可见申请调拨、接受捐赠、社会收购是目前国内博物馆藏品的三大主要来源。

重庆市

重庆中国三峡博物馆 4
乌杨石阙 4
【东汉　镇馆指数★★★★★】

唐寅临《韩熙载夜宴图》卷 8
【明　镇馆指数★★★★☆】

鸟兽尊 12
【战国　镇馆指数★★★★☆】

四川省

四川博物院 20
兽面象首纹铜罍 20
【西周早期　镇馆指数★★★★★】

说唱俑 24
【东汉　镇馆指数★★★★☆】

成都金沙遗址博物馆 28
金面具 28
【商　镇馆指数★★★★☆】

太阳神鸟金箔 32
【商　镇馆指数★★★★★】

四川宋瓷博物馆 36
龙泉窑青釉荷叶盖罐 36
【宋　镇馆指数★★★★★】

彭州市博物馆 40
象纽莲盖溜肩银执壶 40
【南宋　镇馆指数★★★★★】

I

广汉三星堆博物馆 　　　　　　　　　　45
纵目面具 　　　　　　　　　　　　　　45
【商　镇馆指数★★★★】

神树 　　　　　　　　　　　　　　　　49
【商　镇馆指数★★★★】

金杖 　　　　　　　　　　　　　　　　52
【商　镇馆指数★★★★★】

大立人 　　　　　　　　　　　　　　　56
【商　镇馆指数★★★★】

玉璋 　　　　　　　　　　　　　　　　60
【商　镇馆指数★★★☆】

贵州省

贵州省博物馆 　　　　　　　　　　　　68
铜车马 　　　　　　　　　　　　　　　68
【东汉　镇馆指数★★★☆】

云南省

云南省博物馆 　　　　　　　　　　　　76
牛虎铜案 　　　　　　　　　　　　　　76
【西汉　镇馆指数★★★★】

鎏金骑士贮贝器 　　　　　　　　　　　80
【西汉　镇馆指数★★★★】

黄公望《剡溪访戴图》轴 　　　　　　　85
【元　镇馆指数★★★★★】

大理白族自治州博物馆 　　　　　　　　90
铜鎏金阿嵯耶观音立像 　　　　　　　　90
【大理国　镇馆指数★★★☆】

II

目录

西藏自治区

西藏博物馆 98
金奔巴瓶 98
【清　镇馆指数★★★★★】

五世达赖金印 102
【清　镇馆指数★★★★★】

陕西省

陕西历史博物馆 110
牛首五耳鼎 110
【西周　镇馆指数★★★★★】

唐墓壁画 114
【唐　镇馆指数★★★★★】

鸳鸯莲瓣纹金碗 120
【唐　镇馆指数★★★★☆】

舞马衔杯纹皮囊式银壶 124
【唐　镇馆指数★★★★★】

兽首玛瑙杯 128
【唐　镇馆指数★★★★★】

三彩骆驼载乐俑 132
【唐　镇馆指数★★★★★】

秦始皇兵马俑博物馆 137
铜车马 137
【秦　镇馆指数★★★★★】

高级官吏俑 144
【秦　镇馆指数★★★★☆】

III

碑林博物馆   148

大秦景教流行中国碑   148
【唐　镇馆指数★★★★★】

昭陵六骏石雕   151
【唐　镇馆指数★★★★★】

景云铜钟   158
【唐　镇馆指数★★★★★】

西安半坡博物馆   162

人面纹彩陶盆   162
【新石器时代仰韶文化　镇馆指数★★★★☆】

西安博物院   165

开皇四年董钦造鎏金弥陀佛像   165
【隋　镇馆指数★★★★★】

大唐西市博物馆   170

耀州窑青釉牡丹纹尊   170
【宋　镇馆指数★★★★☆】

宝鸡青铜器博物院   173

何尊   173
【西周　镇馆指数★★★★★】

朕匜   176
【西周　镇馆指数★★★★★】

史墙盘   180
【西周　镇馆指数★★★★★】

法门寺博物馆 185
捧真身菩萨 185
【唐　镇馆指数★★★★】

鎏金双蛾纹镂空香囊 190
【唐　镇馆指数★★★☆】

鎏金双鸳团花银盆 194
【唐　镇馆指数★★★★】

甘肃省

甘肃省博物馆 202
马踏飞燕 202
【东汉　镇馆指数★★★★★】

天水市博物馆 207
屏风式石棺床 207
【北朝　镇馆指数★★★☆】

敦煌市博物馆 211
藏经洞写经 211
【唐　镇馆指数★★★★】

青海省

青海省博物馆 220
舞蹈纹彩陶盆 220
【新石器时代马家窑文化　镇馆指数★★★☆】

宁夏回族自治区

宁夏博物馆 228
胡旋舞石刻墓门 228
【唐　镇馆指数★★★★★】

鎏金铜牛 232
【西夏　镇馆指数★★★★】

固原博物馆 235
凸钉玻璃碗 235
【北周　镇馆指数★★★★】

波斯鎏金胡瓶 238
【北周　镇馆指数★★★★】

新疆维吾尔自治区

新疆维吾尔自治区博物馆 246
蜡缬人物棉布 246
【东汉　镇馆指数★★★☆】

五星出东方利中国织锦护膊 249
【汉晋　镇馆指数★★★★★】

对羊对鸟树叶纹锦 253
【北朝　镇馆指数★★★★☆】

参考文献 256

镇馆之宝 西南西北博物馆

Chong Qing

巴渝文化是长江上游最富有鲜明个性的民族文化之一。巴渝文化起源于巴文化，它是指巴族和巴国在历史的发展中所形成的地域性文化。巴人一直生活在大山大川之间，大自然的熏陶、险恶的环境，他们形成了一种顽强、坚韧和剽悍的性格，因此巴人一直以勇猛、善战著称。巴人的军队参加周武王讨伐商纣王战争，总是一边唱着进军的歌谣，一边跳着冲锋的舞蹈，勇往直前，古代典籍记之为"武王伐纣，前歌后舞"。

巴族出现于何时我们还不知道，巴人并不是重庆地区的原住民。部分学者对一些甲骨文记载进行辨识，认为商代中期就已经有商王伐巴方的记载。而可考文献中最早的关于巴人的记载是在3100多年前，巴人参加了讨伐商纣王的战争，因功封爵，成为周朝的藩国。学者们推测这时的巴人居住在鄂西地区或江汉平原上。春秋时期巴国在与东边的楚国进行的一系列战争中失败，大约于公元前六世纪被迫向三峡地区撤退，建立了现在为我们所熟知的巴国。而楚国的军队很快就追踪而来，巴国先后在现在的涪陵、重庆、合川、阆中四个地方建立都城，很可能就是在楚国攻击下一步步后退的反映。巴国的疆域也随着古代战争频繁发生而不断变化，大体上巴国最强盛时占据了现在的重庆和四川东部、贵州北部的部分区域。战国时期各国的扩张步伐加快，巴国很快就失去了大部分的土地，终于在公元前316年被秦国消灭。

在原始宗教中，歌舞是巫师沟通人神不可或缺的手段，在现在存在的一些少数民族宗教中还可以看到巫师在祭神的时候跳舞的场景。远在大洋洲的土著人也有在战斗前跳舞以鼓舞士气的舞蹈。巴人也有类似的舞蹈，据说武王伐纣时站在最前面的巴人通过在战斗前持戈起舞的方式，达到恐吓敌人激励自己的目的，这就是有名的巴渝舞，汉高祖刘邦还命令官廷乐府学习这种舞蹈，流传下来。一些学者认为现在土家族的摆手舞就是巴渝舞演变而来的。

重庆中国三峡博物馆

乌杨石阙

【东汉　镇馆指数★★★★★】

汉代建筑物里屹立至今的,以石阙为最重要。阙是立在建筑基址入口大道两旁的装饰性建筑物。石砌成的汉阙,具有两种形式:一种是碑形,但宽度与厚度的比例近方,扁平者较少。其上覆以摹仿有瓦、吻、檐及斗栱的木构建筑物的石造屋顶。也有两重檐的。另一种是除了上述的这一部分为主阙外,其外侧联以略矮小的子阙。子阙上面也

覆以石造屋顶。后一种在现存实物中较多。砌在石阙上的石块，雕出画像及铭文。汉阙属祠庙或陵墓前成双成对的装饰性建筑物，是我国最早的仿木结构石质装饰建筑，对研究古建筑艺术、葬制有重要价值，有石质"汉书"之称，是我国古代建筑的"活化石"。

汉代是建阙的盛期，都城、宫殿、陵墓、祠庙、衙署、贵邸以及有一定地位的官民的墓地，都可按一定等级建阙。西汉长安城未央宫的东阙、北阙，建章宫的凤阙、圆阙，是历史上著名的大阙。传说凤阙高20余丈。这些巨阙除凤阙尚有夯土残址外，其余都已湮灭，现存的只是一些东汉或西晋的小型石造祠阙和墓阙，最高者不过6米。

乌杨石阙发现于重庆市忠县乌杨镇，2001年，在三峡文物保护抢救工作中发掘出土，是我国目前幸存的、大多数为全国重点保护文物30余处汉阙中，唯一通过考古发掘复原，并发现了相关的阙址、神道、墓葬的阙。乌杨石阙为重檐庑殿顶双子母石阙，具有顶盖出檐宽、阙体收分大、构造简洁的特点，因而显得造型格外挺拔、巍峨，具有鲜明的重庆地方特征和时代风格，其建造时间大致在东汉末至魏晋时期。乌杨石阙阙身雕刻丰富。其仿木构建筑雕刻对于无一幸存的汉代木构建筑的研究具有重要价值。石阙上雕刻有狩猎图、习武图、送行图等,生动地再现了当时的生活场景。阙身上长达两米多的青龙、白虎雕刻,造型生动,展现了汉代雕刻艺术神韵。

【乌杨石阙】

乌杨镇是巴郡太守严颜故里。严颜为东汉后期益州牧刘璋的武将,又称巴郡太守或将军。这位出生于临江县的蜀汉将军,在被张飞用计被俘时,气节高贵,宁死不屈,不肯下跪投降,掷地有声地大呼:"吾州有断头将军无投降将军。"张飞大怒,命令将他推斩,这位英雄豪杰从容地说:"要杀便杀,何必发怒。"张飞既佩服又感动,亲自为严颜解开捆绑绳索,严颜也为张飞义气所感召,遂归顺。严颜死后,刘备追封他为壮烈将军,归葬故乡忠县。据县志记载,严颜之墓在忠州西南20里处。乌杨镇旁边有条将军溪,溪旁有将军村,花灯坟墓地也在将军村十九组。这些地名,就是为纪念严颜而命名的。近年,考古工作人员从乌杨镇20号墓的封土外形和墓内的规格考察,它是花灯坟墓区最高规格的墓,墓的主人就应该是汉阙的主人。

唐寅临《韩熙载夜宴图》卷

【明　镇馆指数★★★★☆】

《韩熙载夜宴图》是中国画史上的名作，中国十大传世名画之一。它以连环长卷的方式描摹了南唐巨宦韩熙载家开宴行乐的场景。韩熙载为避免南唐后主李煜的猜疑，以声色为韬晦之所，每每夜宴宏开，与宾客纵情嬉游。此图绘写的就是一次韩府夜宴的全过程。这幅长卷线条准确流畅，工细灵动，充满表现力。设色工丽雅致，且富于层次感，神韵独出。

为了适于案头观赏，作者将事件的发展过程分为五个既联系又分割的画面。构图和人物聚散有致，场面有动有静。对韩熙载的刻画尤为突出，在画面中反复出现，或正或侧，或动或静，描绘得精微有神，在众多人物中超然自适、气度非凡，但脸上无一丝笑意，在欢乐的反衬下，更深刻地揭示了他内心的抑郁和苦闷，使人物在情节绘画中具备了肖像画的性质。全图工整、细腻，线描精确典雅。人物多用朱红、淡蓝、浅绿、橙黄等明丽的色彩，室内陈设、桌椅床帐多用黑灰、深棕等凝重的色彩，两者相互衬托，突出了人物，又赋予画面一种沉着雅正的意味。

【韩熙载夜宴图】

　　五代顾闳中的《韩熙载夜宴图》，描绘了南唐大臣韩熙载因政治失意而与阁僚、歌伎放纵声色之事，该画对后世人物绘画影响颇大，明清时期多有临本。三峡博物馆所藏的这卷是明代临本，因有唐寅题诗，一般认为是唐寅的临本。由于南唐后主李煜猜忌韩熙载，所以派顾闳中去韩家查看。为避免南唐后主李煜的猜疑，韩就夜宴宾客喝酒、弹琴、纵情嬉游。整个图绘写的就是一次韩府夜宴的全过程，画作一开篇就进入听琵琶演奏的高潮。到了明代，唐伯虎临摹这幅图时，将自己苦闷的境遇融入其中，一改画

【韩熙载夜宴图】局部

作一开篇进入高潮的情况,在人物表情刻画上非常精细。此卷设色鲜丽华贵,笔触精细。与顾闳中原作相比,色彩更加艳丽,气氛较为轻松,略带脂粉气,也更世俗化。卷中两处唐寅的书法也为画卷增色不少。

而这幅传世珍品是如何到三峡博物馆的呢?据介绍,1951年,一位姓汪的先生写信到博物馆,说自己要捐赠30多件文物,另外还有两件珍贵文物出售,以缓解自己生活困难并治重病。两件珍贵文物中,其中一件就是唐寅的这幅《韩熙载夜宴图》卷。

鸟兽尊

【战国　镇馆指数★★★★☆】

　　古人祭天地、拜万物。长江流域的先民将人与神的形象铸造在青铜器上,在无数次的人神对话中融和了现实与期望,寄予了信仰与理想,演义出精彩辉煌的青铜文化。在巫、傩文化传统浓厚的长江流域,先民们用青铜器展示了他们崇神、礼神的精神世界和充满神秘宗教色彩的世俗生活。

　　小田溪战国墓群位于涪陵区白涛镇陈家嘴村小田溪乌江西岸一个小山坡上,距城区20千米。面积8万平方米。从1972年起,重庆市博物馆、四川省文物考古所等单位先后在此进行了4次发掘清理和一次中日联合物探工作,共发掘清理墓葬9座,,出土有一套十四件错金编钟、"廿六年"铭文戈等大批战国时期珍贵文物。近些年来,考古工作者从未在峡江地区发现同时代规格更高的墓葬群,文物专家认为小田溪很可能是战国晚期巴国的王陵区。

　　2002年9月至12月,重庆市文物考古所对涪陵小田溪战国墓群进行大规模科学勘探和发掘,勘探面积两万平方米,布探方、探沟130个,发掘清理战国中晚期竖穴

【鸟兽尊】

土坑墓11座，西汉时期土坑墓两座，共出土铜、玉、陶、石等文物350余件。这些战国墓葬多属战国晚期，规模较大，随葬品等级较高，属巴国贵族所有。

青铜鸟兽尊就是在这里发掘出土的，通体长28厘米、宽16.8厘米、高29厘米。整体呈鸟形，具有鱼嘴、鹰喙鼻、兽耳、凤冠、鸽身、鸭脚。通体饰细密的羽纹，在羽纹上有规律的镶嵌绿松石，现在这些绿松石大部分经过岁月侵蚀已经荡然无存。其造型造型、纹饰及装饰极其精美，是先秦鸟兽尊中的精品。青铜器中的尊本是酒器，这件尊通体上下除鱼形嘴外，是封闭的，不具备容器的实用性，应该是模仿中原地区的鸟兽尊而作，是不同文化区域交流的载体。其体轻、壁薄、中空，铸造难度极高。出土于巴人的贵族墓地，是研究巴人的审美情趣、工艺水平和铸造技术难得的艺术精品。

长江流域的矿产资源十分丰富，铜矿资源占全国的50%以上。从商晚期就开始开采的湖北大冶铜绿山古铜矿，是我国现已发现的年代最早、规模最大、保存最好的古铜矿遗址。在青铜时代，这些铜矿不仅仅是财富，还是国家的战略资源，是实力与繁荣的保障。

小田溪战国墓群中规模最大的墓室长7.9米，宽6.1米，是近年来在三峡地区发掘的最大规模的战国墓之一。该墓室内有两具骨架，其中位于椁室内中部的棺内的一具骨架整体保存较为完整，另一具骨架位于墓室东侧的棺外，腐朽严重。该墓出土铜、玉、骨角等各类文物158件，铜器种类齐全，包括兵器、乐器、车马器、生活用器等。兵器中两柄楚式玉具剑极为少见，剑首、镦、格等都用质地很好的玉石制作，是在巴人墓葬中首次发现。棺内墓主尸骨上除放置有多把青铜剑外，还有二十余件玉璧、璜、佩等制作精美的玉饰随葬。青铜剑剑身光滑，几乎没有锈蚀，剑锋仍十分锋利。

镇馆之宝 西南西北博物馆

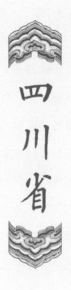

四川省

Si Chuan

四川盆地四面高山环抱，历史上是有名的"四塞之国"，古代交通甚为困难，致使李白发出"蜀道之难,难于上青天"的感叹。这一封闭地形对作为农业文明的巴蜀文化必然带来较大影响。但正因为如此，又反过来激励巴蜀先民向外开拓、努力改善自身环境的决心和勇气。于是，环境与文化相交融，造就了巴蜀先民封闭中有开放、开放中有封闭的历史个性。随着时代的推移，开放和兼容终于成为巴蜀文化最大的特色。

蜀文化从本质上说是一种内陆农业文化，她的肇始、发展，与治水有密切关系。古蜀不仅有以大禹治水、李冰治水著称的农耕文明，而且有发育较早的工业和商业：是世界最早的天然气开采地，是世界雕版印刷术、世界纸币、世界盖碗茶文化的起源地，是中国最早出现城市文明的地区之一。早在距今4500—3200年之间，就有新津宝墩、温江鱼凫、郫县古城、都江堰芒城、崇州双河和紫竹等6座古城。在三星堆、金沙文化时期，古蜀已进入国家形态，有比较发达的神权和礼乐制度。成都在古代是自由都市，对外贸易比较发达，成为中国西南与南亚以至西亚经济文化交流的枢纽。

自司马迁在《史记》中称成都平原、岷江流域因都江堰的建成而"水旱从人民不知饥馑……谓之天府"之后，蜀（主要是成都平原）就享有"天府之国"的美誉，得天独厚的自然条件不仅使蜀之先民创造出了较高水平的物质文明，而且创造出了较高水平的精神文明。古蜀就有两个系统的文字，一个系统是比较进步的表意文字，一个系统是表形文字，而两系文字都可以在三星堆文化找到起源遗迹；自古至今，蜀地文、史、哲名家辈出，杰出的思想家代不乏人，灿若星辰。蜀各个历史时期文化名人的不断涌现，不仅充分证明蜀文化历史悠久，灿烂辉煌，而且为整个中华民族文化的繁荣发展做出了贡献。

远在三千多年前，巴蜀地区就开辟了几条从云南、贵州和两广分别通向沿海和缅甸、印度地区的通道。一些重要的考古发现，如广汉三星堆和成都金沙遗址等出土的海贝、象牙，茂县和重庆涂山出土的琉璃珠，都不是本地所产，而是来自印度洋北部地区和南海，这些都充分证明巴蜀先民与南方世界有所交通和交流。汉武帝时，张骞在大夏发现邛竹杖和蜀布的故事，说明从巴蜀到印度、中亚再到西亚，早就存在一条通道。这条通道，现代史学家沿用"丝绸之路"称呼的惯例被称为"南方丝绸之路"。

四川博物院

兽面象首纹铜罍

【西周早期　镇馆指数★★★★★】

　　1959年，修建铁路至彭县时，工人意外的在当时的竹瓦公社青龙大队发现了一批窖藏青铜器。计有8件青铜容器和13件青铜兵器。1980年2月，青龙大队四组一个农民挖泥烧砖，结果在距前窖藏东南约25米的地方再次发现一批存储在一个大陶缸中的青铜器。有4件容器、15件兵器。前后两次共计出土40件青铜器，均造型美观、制

作精致、花纹繁复。其中一件兽面象首纹铜罍造型宏大，纹饰美观，构图精巧，堪称精品。

罍是从商代晚期出现，流行于西周和春秋。罍有方形和圆形两种，方形罍出现于商代晚期，而圆形罍在商代和周代初期都有。《诗经》中经常提到罍，在《诗·周南·卷耳》中有这样的记载："我姑酌彼金罍"。金罍指的就是青铜罍，这句话的意思是说："我姑且斟满那酒罍"。罍的铸造时期，正是周人逐渐摆脱殷商神秘繁缛的美术传统，形成庄重素雅的自身风格的历史阶段。从器型上来看，已由商代的瘦高形渐变为矮粗形，肩部丰满，同时通过加宽沿部和圈足，使全器达到了一个比商罍更加稳定的造型。在纹饰方面，浮雕都比较低，没有商代器物上的那些耸出器表的锐角巨目；器物多处以夔龙、蟠龙和兽面作为装饰，但变形非常厉害，除目纹外其他细节都蜕化了，成为一种装饰意味很强的图案。

这件西周时期的兽面象首纹铜罍，通高69.4厘米，口径21.8厘米。铜罍器身的肩部、腹部之间装饰有两个立体的长鼻象头耳，两耳之间和一面腹下各铸一立体象首。自颈部至圈足，由四道高耸的扉棱将器体分为四等份，其间分别铸四组相同的纹饰。每组纹饰分上、中、下三段：

肩上中间为一蟠龙，两边间以夔纹（夔为一种变形的小龙）；腹部为浓眉大眼的夔龙、张口蜷身，独足四趾；腹下饰牛纹一周。三段皆以云雷纹为地。盖部顶端装饰有四道与器体相对应的鸟形扉棱，扉棱之间装饰有蜷身夔龙，以扉棱为鼻，云雷纹为地。这件铜罍的造型和纹饰，以浮雕和圆雕的手法突出主纹和装饰器物的某些特殊部位，对称布置，构成瑰丽繁缛的图案，颇具特色。整个铜罍通体碧绿晶莹，似有古玉的光泽，是西周时期青铜器中难得的精品。其造型、纹饰和铸造技术，综合了绘画、雕塑、造型艺术和工艺美术于一体。带有民族原生时代的强悍、粗犷和勃勃生机，显得非常大气。

这批青铜器铸造年代在商末周初，埋藏时间可能在西周末年。"国之大事，在祀与戎"。礼器有的是不能够动的，所谓"重器不出门"，如果对家族有重大意义的器物不能保住，通常意味着一个家族的消亡。那么这些埋藏在地下的精美青铜器背后，或许就有一个不为人知的家族兴亡的故事。或许是因为战乱，或许是因为其他无奈的原因，让它们的主人忍痛把他素日最心爱的宝贝埋藏地下，或许准备将来有朝一日能重回家园，与这些心爱之物重逢。不想，竟然一埋千年。

说唱俑

【东汉　镇馆指数★★★★☆】

这件"说唱俑",是1963年出土于四川郫县宋家林东汉砖室墓中。陶俑是陪葬物中陶制品的一种。四川的汉代墓葬很多,几乎各县都有,而以东汉居多,在墓中往往都有陶俑随葬。陶俑的种类很多,但说唱俑迄今仅发现三件,这件说唱俑是三件中保存最完整的。从艺术角度看,这件说唱俑是汉代雕塑作品中难得的珍品,它也显示了汉代民间艺术的繁荣。

说唱俑,又称"说书俑"或侏儒俑。汉代由侏儒导引"倡优戏",故称侏儒俑,类似现代杂技中的小丑角色。习惯上把古代乐舞、杂耍、说唱表演称之为"百戏"。百戏的兴起,冲破了周礼所规定的那套所谓"礼乐"的束缚,抛弃了那些僵化的庙堂歌舞,代之以新鲜活泼的民间歌舞,以及其他各项新的文艺形式,促进了各类艺术的向前发展。汉代正是百戏繁荣的时代。汉灭秦以后,经过"文景之治",使人民得以休养生息。人民生活安定,民间乐舞、杂技、说唱艺术也就蓬勃兴起。汉统治者设立了专门的机构,管理、收集和整理这类民间艺术,以供他们享乐和作为国际

交往的工具。

　　说书的最早记载，见于《墨子·耕柱篇》："能辩者谈辩,能说书者说书。"在周初已有替人向妇女说唱诗歌之例。说书是与小说的兴起相关的。中国的小说是从古代神话发展而来，历史甚早。著名的《山海经》、《穆天子传》可以说是先秦的神话小说集,汉代的《东方朔外传》《吴越春秋》都是成书的短篇小说集。《汉书·艺文志》称小说家为"稗官"，带有贬低的味道,反映当时小说家地位的低下。这个说书俑是东汉时期(公元二世纪左右)的作品,当时正是志怪小说快要大量出现的年代。正如鲁迅先生在《中国小说史略》里所说："秦汉以来,神仙之说盛行,汉末又大畅巫风,而鬼道愈炽；会小乘佛教亦入中土,渐见流传,凡此皆张皇鬼神,称道灵异,故自晋迄隋,特多鬼神志怪之书。"从这位说唱人的表情来看,可以猜想或许他正在作志怪小说的说唱呢。

　　东汉时期的无名雕塑家,以他卓越的艺术技巧,和现实主义的风格,把汉代说书人的生动形象,逼真而典型地表现出来。参观过这件说书俑的人,无不被这绝妙的艺术表演深深吸引而发出赞叹。你看他：矮胖的身材,头戴旋纽软帽,额上饰有花纹,上身袒露,肌肉丰满,下身长裤浅裆，裤筒肥大，仅露脚趾。他耸肩缩头，两手斜直微曲于腹前，左手托鼓，右手握捶作欲击状。身躯微右扭，挺胸鼓腹，双腿下蹲曲膝，右脚前，左脚随后。面部表情尤其丰富。他头微左偏，眼睛一睁、一眯，歪嘴吐舌，传神地表现出说唱中惊异的一瞬间。无疑，他正得意地说唱着一段有趣的故事，从脸上表情来看，故事正进入情节精彩的阶段。他右手握的鼓锤配合着说唱的节奏，正要下击，他双腿弯曲，双肩不断地耸动，与脸部的表情配合默契。他全身充满幽默风趣，谈笑自若的神态和浓烈的戏剧性动作，真是到了"眉飞色舞，得意忘形"的境地。从表演形态看，他不仅在"说"，而且在"唱"，并以手击鼓来加强演唱的节奏与气氛。

这种说书艺术一直流传到今天，当我们看到著名艺术家刘兰芳说《杨家将》，达到万人空巷的境地时，就会情不自禁地惊叹这说书艺术的魅力了。从雕塑艺术上讲，这件说唱俑对人物形象非常成功的刻画，充分体现出汉代雄塑表现形式新鲜活泼，不拘一格，别具写实，线条简练的艺术风格。

成都金沙遗址博物馆

金面具

【商　镇馆指数★★★★☆】

作为一种文化载体,面具曾广泛存在于世界各地,成为一种纵贯古今的重要文化现象。不同地区、不同时期出现的面具,其造型、功能也各不相同。在古蜀文化中,面具被赋予了独特的内涵,是古蜀先民精神世界的折射。金沙遗址博物馆中陈列的黄金面具,是目前中国发现的同时期形体最大、保存最为完整的金面具。

【金面具】

2007年2月，考古学家发现了一件已被揉作一团、不能辨识器型的金片，经过初步延展后，一双大大的眼睛露了出来。这件金面具形体较大，宽19.5厘米，高11厘米，厚0.04厘米，重46克。面部呈方形，额齐平，长刀形眉凸起，大立眼，三角形鼻高挺，长方形耳，耳垂穿孔，显得十分威严。

在5平方公里的土地上，已发现大型宫殿建筑基址、大型祭祀活动场所、居址、墓地等重要遗迹，出土了金器、铜器、玉器、石器、漆器及象牙等珍贵文物数万件，考古学家将这一区域的遗址统一命名为"金沙遗址"。从遗址的规模和遗物分析，金沙遗址极可能是三星堆文明衰落后在成都平原兴起的又一个政治、经济、文化中心，是古蜀国在商代晚期至西周时期的都邑所在。

黄金，华贵雍容、色泽富丽，从古至今受到人们的珍爱。商代，中国北方地区、中原地区、西南地区都相继出现了金器，但在全国其他区域商周时期的文化中，出土的金器却很少，且基本为装饰品，黄金制品始终都无法取代青铜器的重要地位。与此相反，金器在古蜀文化中却是另一番景象，金杖、金冠带是国家最高权力的象征，四川广汉三星堆出土的象征"群巫"或祖先的青铜人头像上覆以金面罩来显示其高贵和尊崇，金沙遗址出土的黄金面具也是如此。可以说，黄金制品在古蜀文化中具有极高、极优越的地位，甚至超过青铜器。

金面具出土于金沙遗址祭祀区内，这里是古蜀王国商代晚期至春秋早期（约公元前1200年至前650年）一处专用的滨河祭祀场所，面积约1.5万平方米。在这一区域内，目前已发现了60多处与祭祀相关的遗迹，出土了6000余件制作精巧的金、玉、铜、石器等，以及数以吨计的象牙、数千枚野猪獠牙、鹿角和陶器，这些珍贵的器物都是古蜀先民用来奉献给神灵的神圣祭品。其中，在大金面具出土的小圆坑内还发现了许多红色的泥土。为什么这些土会是红色的呢？这是因为土里面掺杂了大量的朱砂。远古时期，人们认为器物和人一样是有生命的，朱砂就是这些器物在奉献给神灵之后所流的血液，这实际上是古代血祭的另一种表现方式。因此，金面具很可能是古蜀国举行神秘宗教祭祀活动时所使用的。

太阳神鸟金箔

【商　镇馆指数★★★★★】

"太阳神鸟"金饰外径 12.5 厘米，内径 5.29 厘米，厚度 0.02 厘米，重量 20 克。外廓呈圆形，图案分内外两层，都采用了透空的表现形式。内层图案为等距分布的十二条弧形齿状芒饰，芒饰按顺时针方向旋转。外层图案由四只等距分布相同的鸟构成。鸟均作引颈伸腿、展翅飞翔的状态，飞行的方向与内层图案的旋转方向相反。在红色衬底上观看，该金饰内层图案很像一个旋转的火球或太阳；外层图案中的鸟很容易使人联想到神话传说中与太阳相关的神鸟，据此，专家学者将其定名为"太阳神鸟"金饰。

对金沙遗址出土金器样品进行成分分析，可以确定金器含金量均超过 80%，其中"太阳神鸟"金饰的含金量达到了 94.2%。从金器元素组成分析，金沙遗址出土的金器是用自然砂金加工而成。通过金相检验，表明金器都是热锻成型。"太阳神鸟"金饰系先用自然砂金热锻成为圆形，然后经过反复锤揲，最后根据相应纹饰的模具进行刻划和切割。

太阳神鸟金饰体现了中华民族对太阳崇拜的习俗。中

【太阳神鸟金箔】

国古代的先民们常常将太阳与鸟联系在一起，古代文献中就有许多关于太阳和神鸟的记载。

《淮南子》："尧时十日并出，草木焦枯，尧命羿仰射十日，日中九乌皆死，堕其羽翼，故留其一也。"

《山海经·大荒东经》："汤谷上有扶木，其叶如芥。一日方至，一日方出，皆载于乌。"

《山海经·大荒东经》："帝俊生中容……使四鸟。"

在中国远古神话传说中，太阳鸟就是阳乌和凤凰，凤凰的"凰"字（即"皇"字）正像太阳鸟的形状，被赋予了美丽辉煌和崇高无上的含义。"夸父追日"、"后羿射日"的神话，东方民族的鸟生传说，凤鸣岐山的受命故事，乃至于三皇、五帝和秦汉以后最高统治者的称号，都与太阳和凤凰有着密切的关系。

大量的考古资料实证了中华民族古已有之的太阳崇拜习俗，仰韶文化陶器上所绘的鸟纹，其背上驮一大圆点，正是太阳鸟的形象，河姆渡遗址中出土了"双鸟负日"骨雕和"双鸟朝阳"牙雕，凌家滩遗址出土了八角星纹玉版和太阳纹玉鹰，在良渚文化中，太阳和鸟纹也常常出现在一些代表神权与王权的器物上，如玉璧、玉琮上的一些刻纹，红山文化墓葬中发现人头上立有玉鸟，大汶口遗址出土的陶尊上刻划了与太阳有关的符号，二里头遗址出土的陶方鼎有呈旋转状的太阳纹，铜鼓的鼓面中心也常常装饰为太阳纹。到了汉代有关太阳与鸟的文物出土更多，马王堆一号汉墓出土的帛画上有一只金乌栖息于太阳中，满城汉墓里有鸟衔太阳铜灯，汉代画像砖上还有双凤衔日图像。以上这些实物都是中国古代民族崇拜太阳及太阳鸟的真实写照。

在出土的中国古代有关太阳崇拜文物图案中，以成都金沙遗址"太阳神鸟"金饰的图案最为精美，其构图严谨、线条流畅、极富韵律，所表达的内涵寓意深远，是古代人民深邃的哲学宗教思想、丰富的想象力、非凡的艺术创造力和精湛工艺水平的完美结合。十二道顺时针旋转的光芒与四只逆向飞翔的神鸟，表达了远古先民对太阳的追求，对光明的向往。"太阳神鸟"是希望的象征，体现了中华儿女世世代代团结奋进、和谐包容的精神。四凤绕阳，祥瑞吉祥，充满活力与生机的太阳神鸟给人以巨大的感召与动力，并伴随着现代中国一起腾飞。

西南西北博物馆 — 镇馆之宝 —

四川宋瓷博物馆

龙泉窑青釉荷叶盖罐

【宋　镇馆指数★★★★★】

  1991年9月，在四川省遂宁市南强镇金鱼村，文物部门的工作人员发掘出土了985件宋代瓷器和18件宋代铜器。这批文物于1991年在遂宁市南强镇金鱼村被发现，出土窖藏瓷器以龙泉窑和景德镇窑为主，兼有少数定窑、耀州窑及四川地方瓷窑的产品，比较全面地反映了"宋瓷"的艺术风格。与唐代瓷器的鲜艳华美和明清瓷器的艳丽富

36

【龙泉窑青釉荷叶盖罐】

贵不同，这批瓷器多为日常生活用品，色调单纯，形象朴素，但因其巧夺天工的釉色，这些文物精品在平淡中蕴含着浓厚的韵味与深远的意趣。其中，出土的青釉荷叶形盖罐，高31.3厘米、宽23.8厘米，最大腹围接近1米，是南宋龙泉青瓷中最大的一件瓷器。

宋代朝廷注重礼制，尤其推崇夏商周三代之礼。北宋聂崇义编撰《三礼图集注》，为朝廷制作礼器提供样本。宋徽宗将皇家收藏的古器编绘成《宣和博古图》，并以此为样本大量仿制三代礼器。上行下效，崇尚商周古器之风在宋代达官贵人和文人雅士中流行起来，龙泉窑也受到崇古之风的影响而大量烧制模仿商周古器造型的青瓷。遂宁出土的耳篦式炉是香炉，白胎施梅子青釉，肩部采用两道凸弦纹装饰，形体稳中见秀，釉色晶莹润泽，质感如玉如翠，是龙泉窑烧制的梅子青釉瓷器中的精品。

遂宁金鱼村出土的宋瓷，几乎包括了南宋时期国内名窑的产品，如浙江龙泉窑、江西景德镇窑、河北定窑、陕西耀州窑、四川彭州窑等名窑。据史书记载，四川并无名窑，因而在四川即使是在南宋时期，瓷器也比金贵。而这些胎薄釉嫩、极其脆弱的瓷器，在交通并不发达的情况下，如何跨越千山万水运到这里，并未面世却被直接挖坑掩埋土中,又是什么原因使它们在这片土地里沉睡了近千年呢?按照常理瓷器的窖藏方式应采用常见的砖砌或石砌窖穴,但遂宁窖藏宋瓷却是直接挖坑掩埋,尽管器物的放置十分有序,但还是能够判断出它们的主人时间不多了,一定是在万般无奈的情况下,在匆忙中做一个了结,而后匆匆离去,并且再也没有回来。

据史料记载,宋徽宗曾在遂宁做遂宁郡王,登上皇位后感念遂宁观音的保佑,便令窑官在浙江龙泉和江西景德镇烧制了一批瓷器精品献于遂宁广德寺观音宝座前,广德寺则精选18名武僧保护。这一做法被以后的宋代皇帝沿袭。为避免战乱破坏,1258年广德寺武僧便将这批国宝埋藏于遂宁南强镇金鱼村,使得这批国宝在战火中安然无恙。

所有的瓷器按照其主人对瓷器的喜好程度和瓷器本身的价值,分为四层埋藏,最喜欢和最值钱的埋在最下面。最下面一层正中间,正是青瓷龙泉窑青釉荷叶盖罐,里面装了99只菊叶小碟,然后在罐的一圈排满了大一些的盘子和碗,不仅安全而且节省空间。但是龙泉窑青釉荷叶盖罐里有更多空间,为什么主人只装了99只小碟,而不放入其他的器皿,这些谜团至今未能解开。

西南西北博物馆 镇馆之宝

彭州市博物馆

象纽莲盖溜肩银执壶

【南宋　镇馆指数★★★★★】

　　宋代的成都平原，金银器的制造已经非常先进，彭州作为古蜀先民早期活动的核心区域，出现了众多精美的金银器。彭州宋代金银器窖藏文物共出土351件，器物品种丰富，制作精美，一经发现即震惊了国内考古界。一个窖藏中为何会有如此多的金银器，究竟什么原因使之埋藏在彭州，至今还是一个谜。其中象纽莲盖溜肩银执壶工艺尤

为精湛。

宋代象钮莲盖银鎏金执壶虽已失却白银的皎洁，但历史的积淀和工艺的精湛成全了其佼佼者的地位。器高23厘米，直口，直颈，溜肩，鼓腹，圈足外撇。器盖呈仰莲，三层莲瓣错位叠压，尖部微外撇。莲上立一象为钮，圆眼弯眉，大耳下垂，长鼻内卷，两弧道形牙长且上翘，身体肥硕，四足稳立，憨实温顺。象背披一毯，其上以细密鱼子纹为地錾刻海棠花纹。莲下接圆筒形盖口，套于器口处，唇部圆鼓外凸。腹部素面无纹，通体打磨光滑，表面覆一层灰褐色的包浆，莹润亮泽。柄为片状，两边缘上卷，上接于器身颈部，下接于腹中部。流与器身相接处饰一龙头，龙口大张，作将流含于其口内状。局部鎏金，金色虽有些许脱落，但仍光彩熠熠。

出土象纽莲盖溜肩银执壶的砖窖长1.2米，宽1米，深0.9米，窖内装满了金银器，金银器表面还有明显用麻纱布包裹过的痕迹，但麻纱布早已灰飞烟灭。金银器窖藏现在国内已经发现几十处，其中宋代有十几处。金银器加工工艺在唐宋时期达到最高水平，由于其质地本身具有货币的珍贵性和多次利用的特殊性，因此一种器形制和纹样不会被长期保留，它往往会随社会风气的改变而改变。

这次出土的菊花形金碗、莲花纹银碗、斗笠银碗等器形已经在绵阳窖藏、德阳窖藏、福建邵武窖藏等处均有发现。在菊花形金碗上，明确有"绍熙"的纪年款，而"绍熙"也就是 1190 年以后。彭州金银器的器物年代其上限应该不会早于"绍熙"年间，几乎所有的器物都表现出明显的南宋特征，其下限不会晚于南宋末年。但器物的年代不一定就是下窖的时间，是什么原因促使主人埋掉这一批珍贵的财宝？

仓促的"窖藏"往往都把东西藏在罐中、木盒中，甚至直接埋入土坑。但彭州的金银器却埋藏在规整的砖室内，器物放置整齐有序。多数器物还用纱布包裹，贵重金器都装在一个大的银钵中，下窖的时候还按先大后小的顺序依次放入，一些相同的器形重叠在一起。砖室的大小刚好能够装下所有的器物，既没有留下大的空间，又不会因空间太小而压坏器物，而且埋藏在 2 米多深的地下。这说明主人在下窖的时候时间很充裕，没有丝毫的慌张。

在大量的金银器中出现了"董"、"董宅"等铭记，估计这应该是这批金银器的主人，一个姓董的大户人家。尽管宋代奢侈之风盛行，能够拥有数量如此之多的精美金银器，显然"董"是有较高社会地位和财力的家族。一般的社会事件不会对这些庞大的家族产生多大影响,致使其不得不将珍贵金银器埋入地下,肯定是他们难以控制和预料的严重事件。

诸多线索让专家思路逐渐清晰。在"绍熙改元"之后,彭州的确发生了足以令当地富豪仓促出走、埋藏珍宝的事变。南宋端平三年,也就是1236年,蒙古铁骑占领成都附近,大批蜀人匆忙逃亡。浮现在我们眼前的是这样的场景:彭州一董姓大户人家提前得知蒙古兵南下的消息,并料定成都迟早会沦陷,于是早早地就将多年积聚的金银器埋藏好,想等战乱过后再取出来。但没想到的是,当蒙古兵杀到的时候,一家老小均被屠戮或者逃走之后,却再也没有机会回来,倒给现代人留下了通往南宋的实物资料。

四川省 Si Chuan

广汉三星堆博物馆

纵目面具

【商 镇馆指数★★★★】

　　三星堆的青铜器以青铜雕像群最为大宗，且最富研究价值。三星堆的青铜雕像群是一批受人顶礼膜拜的权威、偶像，既象征着天神、地祇、祖先神等，也代表着国王及巫师一类世俗领袖或精神领袖，表现出古蜀国人神合一、政教合一的社会形态和群体关系。它们的出土填补了中国商代青铜人物雕塑的及中国早期关于偶像崇拜的空白。在三星堆出土的众多青铜面具中，造型最奇特、最威风的要算青铜纵目面具。

纵目面具出自三星堆二号祭祀坑，面具的桃尖状双耳甚大，向两边充分伸展并向上耸起，有飞扬之势。眉尖上挑，双眼斜长，眼球呈极度夸张，呈柱状向前纵凸伸出达16厘米；双耳向两侧充分展开；短鼻梁，鼻翼呈牛鼻状向上内卷；口阔而深，口缝深长上扬，似微露舌尖，作神秘微笑状。其额部正中有一方孔，可能原补铸有精美的额饰，可以想象，它原来的整体形象当更为精绝雄奇。

超现实的造型使得这尊造像显得神秘静穆，其威严正大之气给人以强烈威慑感。它是天神还是人中至尊？最令人费解的就是其夸张的双眼与双耳，是视通万里、耳听四方的神异能力的象征？古文献记载蜀人始祖蚕丛的形象特征即为"其目纵"。在中国上古神话中，还有一个人面蛇身、掌控天地明晦的天神烛龙，其形象特征是"直目正乘"，也就是"直眼球"。同坑出土的青铜戴冠纵目面具或许与烛龙神话有更密切的联系。目前，对这尊造像的研究除普遍认为它表现的是蜀族始祖蚕丛外，尚有几种不同意见：或认为它应是兽面具，或认为面具左右伸展的大耳是杜鹃鸟的翅膀，其形象应是古史传说中死后魂化为杜鹃鸟的第

【纵目面具】

四代蜀王杜宇之偶像，或认为它是太阳神形象。我们倾向于认为这件面具既非单纯的"人面像"，也不是纯粹的"兽面具"，而是一种人神同形、人神合一的意象造型，巨大的体量、极为夸张的眼与耳都是为强化其神性，它应是古蜀人的祖先神造像。在上古时期，生产力及生产水平低下，物质生活对于一般人来讲十分贫乏，人类完全是靠天吃饭，在思维观念方面，也处于较为原始的状态。先民们认为世间万物皆有灵，而且非常注重与神的交流，而交流的方式就是通过巫师举行祭祀活动，达到连接天地，沟通人神的目的。

　　三星堆的青铜器以青铜雕像群最为大宗，且最富研究价值。三星堆的青铜雕像群是一批受人顶礼膜拜的权威、偶像，既象征着天神、地祇、祖先神等，也代表着国王及巫师一类世俗领袖或精神领袖，表现出古蜀国人神合一、政教合一的社会形态和群体关系。它们的出土填补了中国商代青铜人物雕塑的及中国早期关于偶像崇拜的空白。

神树

【商 镇馆指数★★★★★】

三星堆的二号祭祀坑中共出土了大大小小8棵青铜神树，其中一号神树，虽顶部残断，高度仍达3.95米，这是目前在世界范围内发现形体最大的古代单件青铜器。从现代美学角度看，神树造型合理，布局严谨，比例适宜，对称中有变化，对比中求统一，虽然由多段多节组合而成，并采用了套铸、铆铸、嵌铸等工艺，但仍是一体浑然，堪称青铜铸造的精品。

神树由底座、树干以及树上的龙组成。树的底座呈穹窿形，三面镂空，像一座神山。树分三层，每层有三个树枝，树枝上有刀状的果叶、硕大的果实，在每颗朝上的果实上都站着一只鸟，全树一共有九只造型相同的鸟。树干上嵌铸了一条造型怪异的龙，龙头朝下，身体呈辫绳状，前爪匍匐在树座上，后爪像人手，身上还挂着刀状的羽翅。中国龙的造型从古到今千变万化，但像这样怪异的龙还是独此一见。在中国的古代神话宝库中有很多关于神树的传说，其中比较有代表性的是东方的扶桑、中央的建木和西方的若木，通过比较研究，学者们认为三星堆的神树综合了扶桑、建木、若木的特点和功能，是这三棵神树的复合体。

传说扶桑神树生长在东海的尽头一个名叫"汤谷"的地方，"九日居下枝，一日居上枝"，十个太阳轮流上天值班，有段时间，十个太阳失去了控制，一起跑到天上去了，以至于世间草木枯焦，民不聊生，于是便有了"后羿射日"的神话传说。

若木神树生长在西边，是太阳下山的地方，树上也有十个太阳，光华普照大地。在中国的神话传说中，鸟是太阳的象征，三星堆神树上的九只鸟表现的就是九个太阳。至于树顶已经残端，是否还有一只鸟，我们不得而知，但可以肯定地说，三星堆的神树表现了人们对鸟的崇拜，对太阳的崇拜，这棵树可以说是中国"十日神话"的实物标本。传说中的建木神树生长在"都广之野"这个地方，它的位置恰好处在天地的正中央。树上有枝叶、花卉和果实，还有龙蛇等动物，一些叫做"众帝"的神人通过这棵树上天下地。三星堆神树的特点、地理位置都与"建木"吻合，联系与神树同出一坑一大批代表巫师、神灵的青铜雕像群，这棵神树极有可能是古蜀人心目中沟通天地、连接人神的"登天之梯"，神树上的那条龙，可能就是巫师上天下地的"坐骑"。

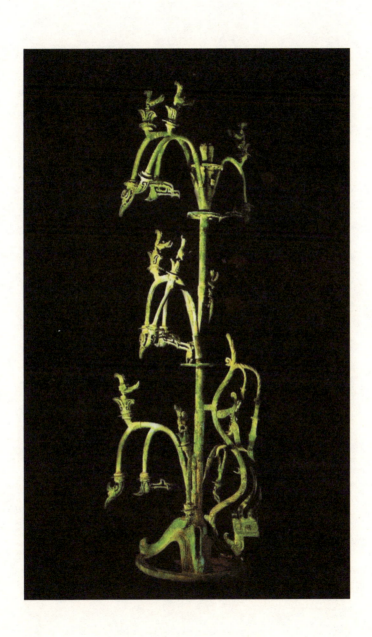

四川省 Si Chuan

在我国西南地区汉代的墓葬中出土了大量的摇钱树，它们在造型和内涵上与三星堆的神树有着极深的渊源关系，继承了三星堆"神树"通天通神的思想。在我国其他地方出土的树形灯盏同样是树崇拜的思想的一种表现。

金杖

【商　镇馆指数★★★★★】

三星堆这柄金杖，从形制上看，与西亚、埃及较晚时期的权杖相似，属于细长类型。近东权杖的一个显著特点，是在杖首或杖身头部有图案，描绘胜利者的功勋，或叙述某件关乎国家命运的大事。无独有偶，三星堆金杖同样在杖身上端刻有平调图案，内容也同样与国家权力有关。考虑到这些因素，同时也由于在古蜀王国本土和商代中国没有使用权杖的文化传统，因此，三星堆金杖看来是通过某种途径，吸收了近东权杖的文化因素而制成的。

古蜀王国用金杖标志至高无上的统治权力，这同中原夏、商、周三代用鼎作为最高权力的标志物是全然不同的。同中原王朝用鼎不用杖相反，古蜀王国正好是用杖不用鼎。

【金杖】

在有关古代蜀人史迹的文献材料中，丝毫没有用鼎的片言只字记载。在考古学文化上，商代古蜀文化的器物形制，例如陶器，是以小平底罐、尖底罐、高柄豆、鸟头把勺等为基本组合的，明显地区别以鼎、鬲、甗等三足器为基本组合特征的中原商文化。三星堆遗址中，虽然出土有商文化常见的青铜尊、罍等物，却绝无鼎出土。并且，即使是商文化的尊、罍等青铜器，在三星堆大型青铜器群中，也不占显著地位。这些现象足以表明，无论在古代蜀人的观念还是实际政治生活中，鼎处于无足轻重的地位，绝未把它当做权力与财富的象征。

金杖杖身上端的三组人、鱼、鸟图案说明，金杖既被赋予着人世间的王权，又被赋予着宗教的神权，它本身既是王权，又是神权，是政教合一的象征和标志。

金杖上的人头图案，头戴五齿高冠，耳垂三角形耳坠，与二号祭祀坑所出蜀王形象造型——青铜大立人相同，表明杖身所刻人头代表着蜀王及其权力。鱼、鸟图案的意义在于，鱼能潜渊，鸟能登天，它们是蜀王的通神之物，具有龙的神化般功能。而能够上天入地，交通于人神之间的使者，正是蜀王自身。所以，金杖不仅仅是一具王杖，同时也是一具神杖，是用以沟通天地人神的工具和法器。

《淮南子·地形》说："建木在都广，众帝所自上下"，都广即是《山海经·海内经》中的"都广之野"，指成都平原；而所谓"建木"，或许就是三星堆出土的青铜神树。既然众神从这里上下于天地，那么金杖上的鱼、鸟，便能够通过金杖那无边的法力，沟通人神，挥洒自如了。自然，与鱼、鸟同在图案上的蜀王，就是指挥、支配人神之间交际的神了。

金杖的含义还不止于此。杖用纯金皮包卷，而黄金自古视为稀世珍宝，其价值远在青铜、玉石之上，因此，使用黄金制成权杖，又表现出对社会财富的占有，象征着经济上的垄断权力。所以说，三星堆金杖有着多种特权复合性的象征意义，标志着王权、神权和经济权力。这三种特权的同时具备，集中赋予一杖，就象征着蜀王所居的最高统治地位。同时，它还意味着，商代的古蜀王国，是一个彻头彻尾的神权政体。

大立人

【商　镇馆指数★★★★★】

1986年夏季，在四川省成都市东北的广汉县三星堆村，发现了三千年前古蜀人的两座祭祀坑，出土70多件与真人一般大小的大型青铜铸造的人像，包括全身立像，人头像，人面像。此外，还有黄金面罩、青铜尊、青铜罍、青铜神树、玉戈、玉璋、玉瑗等大量珍贵文物。这些文物埋在坑里有着明显的层次，说明是人们有次序地投入的。所以，考古学家们推断是一次祭祀活动后的遗迹。与真人等大的青铜雕像，在我国田野考古发掘中尚属首次发现，而且出土数量又如此之巨，真乃世界所罕见，引起了国内外的轰动。

在出土的多种人像中，特别引人注目的是一尊立式的全身雕像。这不单因为是唯一的一尊完整无损的全身雕像，更主要的在于雕像带来了我们在此之前尚不清楚的古蜀人的真实形象——容颜状貌，穿戴服饰等等。对研究古蜀人的历史、文化、宗教、习俗，均有极重要的价值。

雕像的造型如同现代的伟人塑像那样，站立在一个方锥形的基座上，全高260厘米，基座高78.8厘米，头上戴

四川省 Si Chuan

着一顶高 17.7 厘米的帽子，雕像自身高 163.5 厘米。把雕像的大小铸造得与真人相仿佛，无疑包含有某种意义，而且雕像的各部位又契合人的比例，具有浓厚的写实风格，或许他正是按照某个古蜀人的具体模样塑造的，若果真如此，那么，这个人必定具有崇高的社会地位。

　　雕像神态肃穆，作捧物伫立状。面相端庄，粗眉大眼，高鼻阔嘴、方颐大耳，表情沉着专注，好像正在行使他的神圣职责，进行着某项严肃隆重的祭祀活动。头上戴着花瓣状的华冠，双手平举胸前，呈上下相对的持物姿势，由于所持的器物已失落，所以手掌就成了空握着的圆环状，以致双手显得特别硕大，给人以极度夸张的感觉。雕像体型瘦长，身着窄袖紧身长袍，袍服为鸡心领，没有衣领，这使脖子格外细长突出。长袍左衽，也就是前襟在左腋下开启扣合。袍服长及膝下，露出小腿，下摆前面平齐，后面成燕尾形。两足裸露，不穿靴鞋。两小腿各戴一表面饰方格纹的脚镯。长袍上部缀有一条方格纹的饰带，一端结于袍服左侧后背的上部，然后由左腋下向前穿出，斜上绕向右肩，越过右肩至背后上部，与左侧结带的部位相对应，又扣结于袍服上。长袍上还饰有精致华美的纹样：前襟左侧为两组龙纹，右侧为回字纹，下方为一组变体兽面纹，再下方为两组并列的倒三角纹。后襟的纹饰与前襟完全相同。袍服的纹饰如此繁缛精美，是雕像的身份不同寻常的反映。

左衽是我国历史上少数民族服装的一个特征，与中原黄河流域华夏族的右衽相区别。四川在古代为巴蜀国。考古学家通过对三星堆出土文物的研究得出结论，认为在广汉三星堆周围方圆六平方公里内，很可能是早期蜀国的一个重要都邑所在地。而这尊雕像象征的应是古蜀人的一位巫师之长。在上古时代，作为政治领袖的王，同时又是掌握着祭祀卜筮大权的巫师之长，所以，这尊雕像可能也是古蜀国某一代王的形象。

广汉出土的这尊青铜雕像，是目前世界上最早的由青铜铸造的雕像。公元前220年，秦始皇统一六国后，在咸阳销毁列国兵器，铸十二金(铜)人。广汉青铜雕像比十二金人早了近一千年，而且十二金人也无一流传下来。在国外，埃及曾发现过铜像，那是1897年在埃及邦拉扎城出土的，古埃及第六王朝(距今约4300年)国王沛比一世和他的儿子王子梅连拉的铜像，前者高约175厘米，后者高仅70多厘米。但它们是用纯铜以原始的分段打造法制成后，固定在木心上的。在希腊出土过希腊化时代

(公元前四世纪到公元前一世纪),与真人大小相当的青铜雕像,如有名的德尔菲御者铜像、宙斯或波塞顿钢像等,在时间上均要比广汉青铜雕像晚四、五百年以上。

玉璋

【商　镇馆指数★★★★☆】

　　玉器在中国文化中有着相当突出的位置,目前,中国境内考古所见最早的玉器的年代大约为距今8000多年。自古以来人们都认为玉是有灵气的,寄托着人间种种期盼,对玉器充满了崇敬感。从各地陆续发掘的遗址都可以看出,玉器是一直伴着中国社会发展的有效见证物。红山玉器、良渚玉器等遗址玉器的发掘,造就了当地特有的灿烂玉器文化。在三星堆遗址发掘的大量玉器,填补了古蜀国玉器文化的空白。蜀人特别偏爱玉,甚至是色泽漂亮的石头。在三星堆遗址的两个祭祀坑中,发掘出土了大量精美的玉器,大致分为礼器、兵器、用具、杂器、饰品以及人物和动物造型等类别,其中以礼器及具有礼仪用途的兵器和属于祭祀用品的工具的居多。按形制来看,主要玉器有玉琮、玉瑗、玉钏、玉圭、玉璧、玉戈、玉环和玉璋等。玉璋是

【玉璋】

四川省 Si Chuan

广汉玉器中最特殊的一种,它的特殊性在于三星堆遗址出土的玉璋多有自身的特点,是古蜀人社会生活的再现,具有浓郁的蜀性。

三星堆一号祭祀坑出土一件玉璋,通长 38.2 厘米。器身呈鱼形,两面各线刻有一牙璋图案,在前端射部张开的"鱼嘴"中,镂刻有一只小鸟。鱼鸟合体的主题,寓意深刻,可能与古史传说中古蜀王鱼凫有关。该器制作精美,综合运用了镂刻、线刻、管钻、打磨抛光等多种工艺,在选材上,还充分利用玉料的颜色渐变,随形就势以表现鱼的背部与腹部,可谓匠心独具、巧夺天工。

璋是三星堆遗址中出土最多的且颇具特色的一种玉石礼器,一般可分为两种:一是前端射部呈斜刃口的中原式璋,二是射部呈叉口刃的和整器呈平行四边形的蜀式玉璋。在三星堆遗址一号祭祀坑出土的数十件玉璋射部酷似鱼的身体,亦被称其为"鱼形玉璋",射端形成叉口刃状,宛如鱼在张开嘴呼吸似的。这种具有古蜀特性的鱼形玉璋,据推断,可能是与鱼凫氏族以鱼为图腾有关,作为祭祀,制作了一大批用于图腾祭祀的鱼形牙璋。

三星堆遗址出土的玉璋多有自身的特点,是古蜀人社会生活的再现,具有浓郁的蜀性。丰富的出土遗址告诉我们：古代蜀人的宇宙观和世界观在三星堆时期已由最初的原始思维发展到了比较成熟的阶段，与之密切相关的则是古蜀国内陆农业文明的繁荣发展，艺术文化和科技工艺也都达到了很高的程度。

镇馆之宝 西南西北博物馆

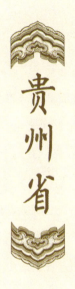

贵州省

Gui Zhou

有两个典故,一个曰"夜郎自大",一个曰"黔驴技穷"。凡知道这两个典故的人,自然就会联想起贵州,"夜郎自大"这一家喻户晓的成语,更把贵州与夜郎紧密联系起来,"夜郎"在很久以前就一直是贵州的代名词。

自从司马迁的《史记》问世以来,"夜郎自大"的典故就开始在民间流传。提起"夜郎",即便对于贵州古代历史缺乏足够了解的人,也会联想到那自高自大,目空一切,并因此而导致覆灭、灭亡的夜郎王。

可是,两千多年来,古夜郎的历史面貌,却始终是一个未曾解开的"谜"。在一般人的心目中,它几乎成了一个神话的国度。"夜郎自大"贻笑百代,引起世人对夜郎产生浓厚的兴趣,它正在成为人们来"夜郎故地"观光和探秘的吸引物,也是社会科学界研讨的大热点。不管怎样,夜郎国在秦汉时期的西南夷数十个社会实体中"最大"之一,具有充分的史实记载,贵州的大部分地区都属夜郎的辖地,也是不争的史实。

关于夜郎的地域,说法众多,大致可分为数郡说和一郡说两大类,数郡说主要依据《后汉书》追记战国时期夜郎的范围:"东接交趾,西有滇国,北有邛都国。"即贵州全部地区和云南、四川、广西、湖南、湖北、重庆部分地区;

一郡说由为汉郡作为线索,范围稍小。

在司马迁《史记·西南夷列传》中,夜郎的经济属于"耕田有邑聚"的一类,较之"随畜迁徙毋长处"和"或土著或移徙"的游牧、半游牧经济的发展水平要高,一些研究者根据文献,考古资料和田黔考察,认为夜郎鼎盛时期的农业已达"火耕而水耨"的锄耕农业。

2000年贵州省文物考古研究所在赫章可乐进行大型发掘,发掘出战国至西汉时期用铜釜或铜鼓套于死者头部的"套头葬"。套头葬葬式较单一,除一座墓用铜釜套头外,还用一个铁釜套于死者的脚部,其余的"套头葬"都是只套头部。可套头葬传递给我们的信息,除了沿袭人类对头部重视的共有心态外,更主要的还传递了他们对火、对太阳的崇拜,也传递了他们将权利、财富及民族的图腾放在同样重要的地位。

贵州省博物馆

铜车马

【东汉　镇馆指数★★★★☆】

东汉铜车马,距今已有两千多年,于1975年在贵州兴义一座汉墓中出土,现珍藏于贵州博物馆。分为马和车两部分,以青铜铸造,总长1.12米,通高0.88米。马由头、耳、颈、躯、尾、四肢等11段分铸组合,用17个销拴固定。车的结构分驾马、轮与轴、车厢与篷盖三部分,属双曲辕车,双轮十二幅。造型自然生动、惟妙惟肖,铸制结构严谨、工艺精湛，外形雄伟壮观、灵动典雅，展现骏马三足站立、一足腾空、昂首欲奔的英姿，马的神态生动逼真，昂首翘尾，鬃毛平整，竖耳咧嘴作嘶鸣状，十分矫健。铸造采用砂模空心浇铸，铜壳非常薄，铸技高超，卷曲成U形覆瓦状的车棚厚度仅0.1毫米，轻柔如纸。整辆车由大约300个零部件组成，是迄今为止国内出土的汉墓中的车马里最精美完整的一个，特别是出土地点是当时的西南夷地区，这对了解当时的边疆制度、道路交通、车制、冶炼工艺等都有相当的价值。

中外历史上的马文化丰富浩瀚，以马为题材的历史文物不胜枚举。在形形色色的马文物中，贵州东汉铜车马以其悠久的历史文化积淀、生动完美的造型、精湛的铸造工艺，受到广泛关注。

兴义东汉墓发现的铜车马对研究东汉时期盘江流域的社会、经济、文化具有重要意义，反映了贵州悠久的历史渊源。据专家介绍，黔西南是古夜郎国的中心，东汉铜车马等文物的出土，对追寻西汉时期的夜郎文化，特别是探究两汉时期中原文化与夜郎文化的交流与融合，是为不可多得的实物资料，具有较高的历史文化价值及考古研究价值。

【铜车马】

镇馆之宝

西南西北博物馆

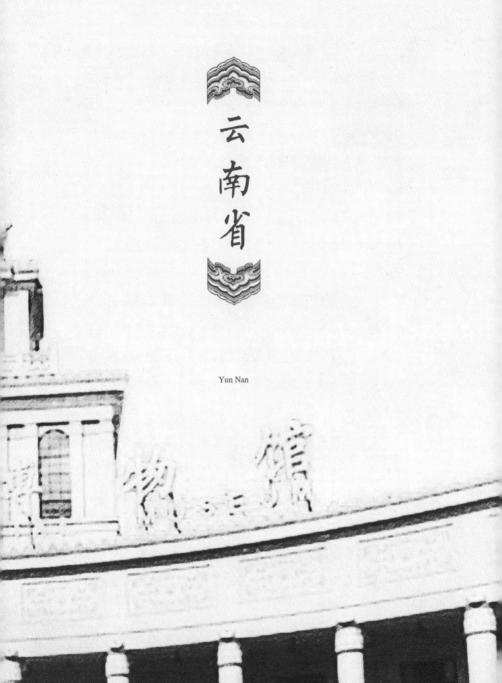

云南省

Yun Nan

彩云之南，滇文化，一个失落的文明，没有史书记载给后人。大家只知道这个灿烂的文化在战国初期突然出现，末年突然消失，失去了传承，再也没有了任何迹象。直到出土了大批青铜器后，这个古老的文化才浮现在世人面前。

古滇文化具有独特的民族性、广博的包容性和开放的世界性。在其产生、形成、发展、演变的过程中，不断吸收和改造外来文化，最终形成了一种包容性强、博大恢宏的古滇文化。古滇文化之后产生的爨文化、南诏文化、大理文化、乃至今天云南境内26个民族异彩纷呈的民族文化，都有古滇文化的影响、滋润的痕迹。从云南民族文化的产生、发展的轨迹看，没有古滇文化，就不可能有后世的爨文化、南诏文化、大理文化，乃今天丰富多彩的云南民族文化。古滇文化在历史的发展演变中发挥着极为重要的龙头、纽带、桥梁作用。

南诏大理国文化，在当时的世界上，属于先进的文化体系之一。由于实现了长期的局部统一，政治稳定、经济繁荣、国力强盛、对外交往频繁，南诏以主体民族白蛮的土著文化为基础，主动汲取外来文化，形成了独具地方民族特色的南诏文化。南诏文化具有汉文化、佛教文化和南亚、东南亚文化色彩，具有"兼容并蓄"与多元文化的特点。大理国的文化,实际上是南诏文化的继承和发展。不同的是,大理国文化的地域性、民族性更加突出,儒释相融,僧俗一体,佛教影响到大理国社会生活的各个方面。大理国文化是南诏文化的提升与发展,是多元性的南诏文化一体化的产物,大理国文化可用"释儒文化"来概括。

云南青铜文化是一种定居的农业文明,它是由当地新石器文化发展而来,具有浓郁地方民族特色的青铜文化类型。它的典型器物,主要有青铜农业生产工具、兵器、纺织工具、礼乐器(铜鼓、贮贝器、葫芦笙等)、明器、居住房屋模型等等,反映的是一种发达的锄耕农业文化。这种文化的最大特点,就是把青铜大量地用于制造农业生产工具,学术界因此把云南青铜文化称为"锄耕文明"。在中原地区的青铜文化中,青铜是十分珍贵的原料,一般只用于礼器、兵器的制造,即用在"国之大事"上,而没有广泛应用到生产活动之中。

云南省博物馆

牛虎铜案

【西汉　镇馆指数★★★★★】

秦汉时期,在我国云南昆明滇池地区生活着一个较大的部落,称为"滇"。滇池地区土地肥沃,气候温和,居民主要以农业生产为主,亦饲养牲畜,兼营渔猎。滇人手工业发达,尤以青铜冶铸、金银器及玉石制作闻名。近年出土的大量考古资料表明,在春秋末期至西汉初年,滇人已进入兴盛的青铜器时代。

1972年在江川李家山墓地出土了一件牛虎铜案,此器为古代祭祀时盛牛羊等祭品的器具,高43厘米,长76厘米,重17公斤。形体为一站立的大牛,四蹄作案腿,前后腿间有横梁连接,以椭圆盘口状牛背作案面,大牛腹中空,内立一小牛。牛后部一圆雕猛虎咬住牛尾,四爪抓住大牛的后胯。此案中之大牛颈部肌肉丰满,两巨角前伸,给人一种头重尾轻的感觉,但其尾部铸有一虎,一种后坠力使案身恢复平衡。大牛腹下横置的小牛增强了案身的稳定性。此案构思巧妙,生动形象,风格写实,具有滇人作器的独特风格。

牛虎铜案吸引我的不仅是它精巧的构思、完善的造型、生动的形象,还有它写实的风格。它的造型是一只老虎咬着一头牛的后背,而在那头牛的肚子下面,站着一头安然无恙的小牛。看到牛虎铜案你会想到什么?它实在传达了太多的信息:古代祭祀的兴盛,古代滇人的智慧和先进生产工艺,无私的母爱与残酷的竞争、弱肉强食交织在一起。

中国自古就讲究繁衍生息,而父母对子女无微不至的关怀正反映了繁衍生息的需要,为子女尽心尽力,让他们幸福成长,培养他们成材,处于危险境地时牺牲自己也要让孩子好好活着。像那头被老虎咬着的母牛,即使后背已

【牛虎铜案】

被老虎狠狠咬着，即将成为虎口下的美餐，也要让小牛安然无恙地活着，即使自身惨痛万状，也不愿让小牛受一分一毫的苦楚。下一代的生存代表的是这个种族的希望，中国人自古就重视种族的繁衍，就是为了种族的希望，在遇到危险境遇时，总要想尽办法保护下一代的生息安全。长辈们的辛勤耕耘是为给后辈们留下发展的财富。

滇池地区发现的春秋至西汉青铜器，在冶铸技术方面，已达到相当高的水平。此件铜案采用的分铸法和焊接等技术也是非凡的。所谓分铸法就是一种把器物的主体与附件分别铸造的方法，可以先铸附件，再和器物主体铸接；也可以先铸器物主体，再接铸附件。此附件是机械的连接而非熔接。由牛虎铜案可见滇人冶铸技术之精湛，在中国古代青铜器发展史上占有特殊地位。此器现藏云南省博物馆。

鎏金骑士贮贝器

【西汉　镇馆指数★★★★★】

从 1955 年起，云南省考古工作者对晋宁石寨山古滇国古墓群遗址进行了 4 次发掘。出土文物中青铜器类型繁

多，主要有铜鼓、铜贮贝器、铜葫芦笙、铜锄、铜柄铁剑、铜枕、铜人俑、铜动物俑等。而印证滇王身份的金印——"滇王之印"的出土，更是轰动了国内外史学界，受到了中外学者的普遍重视。本文要谈的则是这时期出土的精品文物之一"鎏金骑士贮贝器"。此器作为最具滇文化特征的青铜器，现藏于云南省博物馆。

鎏金骑士贮贝器高50厘米、盖径25厘米，束腰平盖，器盖平扣于器身俯平面为圆形，盖正中有一立柱，上有一人骑马伫立，其周围四牛分立，器腰身两侧各有一立雕虎形耳。底径比器口径略小，亦平底，平底凸起等距的三虎爪形足。

仔细观赏，盖上正中的骑士整体鎏金，耀眼夺目的骑士骑于马上，骑士头部挽髻于项，短袖窄裤，膝以下系绑带、赤足，腰中束带，左腰佩鞘铜剑，颈肌丰满，造型生动。因古滇人当时的社会形态尚处于奴隶社会阶段，因此笔者认为，此骑士无论从衣着、佩带及遍体鎏金情况看，当属奴隶主贵族无疑。其坐骑昂首、张口、翘尾，十分威武。但再细看，也许兴趣较浓者会发觉骑士所骑之马身材较矮小，鬃毛甚长，与今天的云南马特征相吻合。骑士四周的四头牛，膘肥体壮，其犄角长而弯。四牛抬头垂尾作行走状,颈背有高峰突起,同今天滇池地区的牛有所不同,而与西双版纳、德宏一带的牛相近似。这种牛据《后汉书·西南夷传》记载,称之为"封(峰)牛",现今当地人谓之"瘤牛"。从考古资料得知,古滇人和生活在中原的汉族人一样,很早就普遍畜养牛、羊、马、猪等家畜,其中尤以牛的数量多少作为衡量财富的标志,也是权力地位的象征,在滇人生活中占据重要位置。同时,在滇人的动物崇拜中,牛也充当着重要的角色。此器的双虎形耳,与同时代的贮贝器的双耳特征基本一致。另外,在古滇族的青铜器上还常出现有虎纹或虎的浮雕、圆雕形象。同藏于云南省博物馆,与牛、虎有关的国宝级青铜器"牛虎案"(云南江川李家山出土),均属同时期、同族类古滇国青铜文化区域内造型特征的产物。当今云南部分少数民族仍保留着以虎、牛作为象征权势于财富的习俗,故古代备受尊崇。纵观整个"骑士贮贝器"器物装饰题材,由人物到动物,或高或低,错落有致,动静结合,构图巧妙,生动有趣。

由出土的青铜贮贝器可见,古滇族人除使用青铜器具进行生产劳动以及征战等,还出现了原始的商业活动,以货币和牛等自然物作为交换媒介。当时男子以放牧和狩猎、征战为主;妇女是农业生产的主要负担者,并兼营贸易。当时用海贝充当货币，海贝是云南明代以前沿袭使用约2000年左右的货币，骑士贮贝器既是供奴隶主贮贝币之积蓄器物，装饰于其上的骑士、牛、虎等形象，亦是滇人生活及环境的真实写照，是一件具有珍贵民族史料价值的文物。

从造型来看，贮贝器上的骑士、马、牛、虎等立体人物和动物形象，形态逼真，比例准确，而器物本身，也具有端正、对称的外形，特别是骑士通体鎏金，光彩夺目，令人赞叹不已。盖顶中间的骑士作为该器最突出部分，为达到这一效果，工匠师们不仅通过鎏金这一手段，使其在色彩上与铜器形成鲜明对比，并在骑士的马下增设一立柱，将骑士处于器物的最高位置，成为视觉中心。使得全器不但具有左右对称感，同时也具备了上下层次，即避免了同一层次表现内容过多而带来的繁杂感，又充分地明确了主题，可谓独具匠心。

总之，青铜贮贝器的铸造，从材料到工艺，无不体现出滇人在冶金技术与美学艺术两方面的高超水平，而且呈现了云南本土古滇文化所特有的造型艺术。鎏金骑士贮贝器，则是这批铜器中的佼佼者。

黄公望《剡溪访戴图》轴

【元　镇馆指数★★★★★】

　　黄公望的名作《剡溪访戴图》轴,是以东晋王羲之第五子王子猷雪夜乘舟造访剡县的戴逵为题材的一幅绝世名作。此画纵74.6厘米,横55.3厘米。绢本,水墨浅绛。现收藏于云南省博物馆。

　　此画作者采用了"借地为雪"的艺术手法,表现剡溪、山壑的美丽景色。全图重峦叠嶂,高低错落,显得异常雄奇。山下剡溪款款流过,溪中飘来一叶小舟,舟上有艄公和船客各一,舟中人物缩颈拢袖之状。不远处,山脚之下,几排屋宇错落构置,山脚下的庭院积雪寂无一人,烘托出清寒萧瑟的气氛。此画笔墨简淡,群山被大雪覆盖,雪中伸出的枝桠用浓墨点写,仅在深凹处略加擦染。图中题款:"至正九年正月□王贤画,二十五日题。大痴道人时年八十有□。"此画当是黄公望去世前的珍品。

　　"王子猷雪夜访戴"源于南北朝刘义庆的《世说新语·任诞》。王子猷居住在山阴(今绍兴)。一天,夜下大雪,他从睡眠中醒来,打开窗户,命仆人斟上酒。四下望去,一片洁白银亮,于是起身,漫步徘徊,吟诵着左思的《招隐诗》。忽然间想起了戴逵，当时戴逵远在曹娥江上游的剡县，即刻连夜乘小船前行。经过一夜才到，到了戴逵家门前却又转身返回。有人问他为何这样，王子猷说："我本来是乘着兴致前往，兴致已尽，自然返回，为何一定要见戴逵呢？"这就是成语"乘兴而来，兴尽而返"的出典。

王子猷，字徽之，东晋琅琊临沂(今属山东)人，东晋大书法家王羲之的第五子。《晋书》本传说他"性卓荦不羁"。东晋时，士人崇尚纵酒放达，王子猷也如此。他弃官东归，退隐山阴。戴逵，东晋著名隐士、艺术家，字安道，谯郡人(今安徽亳州市)。精于雕塑、绘画、音乐。太宰司马晞使人召其弹琴，戴摔琴于地曰："戴安道不为王门伶人"，遂避居剡县。《晋书·隐逸传》评其："性高洁，常以礼度自处，深以放达为非道。"

千百年来，许多画家泼墨丹青，寄情于画，以"访戴"为题材绘出了诸如《雪夜乘兴图》、《雪夜访戴图》等传世之作。据宋高似孙《剡录》载，就有钱逊叔、李商老、廉宣仲等人所作"访戴图"，画中有友人题咏。此题材历元、明、清，可以说至今仍被文人雅士在诗、画领域里反复吟唱和创新，印证和阐释着"东南山水越为首，而剡为面"的意蕴。

云南省 · Yun Nan

【黄公望《剡溪访戴图》轴】

"子猷雪夜访戴"也是宋代诗画中的热门题材。在宋人题"访戴图"诗中,诗人们或触画生羡向往画境,或咏叹故实发表议论,或借题发挥感慨人事,或评议画家称美画作,既注情于画内,也寄怀于画外,不拘一格,诗情画意相得益彰,极大地延展了画作的意象,同时也丰富了"子猷访戴"故事的内涵。

【黄公望《剡溪访戴图》轴】局部

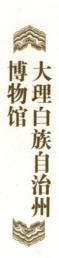

大理白族自治州博物馆

铜鎏金阿嵯耶观音立像

【大理国　镇馆指数★★★★☆】

  阿嵯耶观音是唐宋时期云南地方政权大理地区最典型的佛教造像之一，为大理本土崇拜阿吒力教派供奉的主要神祇，白族最崇拜的偶像，也是自古以来大理皇家供奉的主尊观音。现存的金属质地阿嵯耶观音造像约有二十件，大理白族自治州博物馆收藏的就是其中之一。

  这件阿嵯耶观音像通高50厘米，像高46厘米。为大

云南省 — Yun Nan

理国(宋代)铸造,铜质鎏金。阿嵯耶观音体像形丰满柔和,面相圆润,神情宁静祥和,面露微笑,五官秀丽;身材比例协调,匀称隽秀。轮廓线条流畅简洁,衣纹线条简洁干练。后期制作的木质底座为方形,木座中央留有双脚形底槽,以插双脚。

上身多为素面,下身装饰纹路舒展自如,形成鲜明的对比,同时简洁刚劲的线条与温和的面部表情形成对照,形成刚柔并济的美学效果,产生出独特的艺术魅力。

阿嵯耶观音属于佛教密宗的神祇,密宗是相对于显宗佛教的一个教派,它产生于公元七世纪古印度德干高原,是印度大乘佛教与婆罗门教相结合的产物。公元八世纪初由印度向外传播,传入唐朝汉族地区的称为"汉密"或"华密",传进吐蕃(西藏)的,形成"藏密",传于日本的,形成"东密",传进南诏(白族地区)后,与当地原始宗教相融合,形成具有地方特色的"滇密"阿吒力佛教。阿嵯耶观音仅为南诏大理国的密宗阿吒力佛教独有,是滇密特有的观音神,由此,被称为"大理观音"或"云南观音",美国学者海伦·查平将之誉称为"云南福星"。

自两汉时期佛教逐渐传入中国后,原为大乘佛教的观音菩萨在中国获得空前的崇拜。在随后一千多年的历史更迭中，观音信奉对中国的本土宗教和民间信仰都产生巨大的影响。佛教随着南诏中后期传入大理地区，观音信仰的内容也受地方本土文化的影响发生着不断地变化，并逐渐成为大理民间信仰的核心之一。在当时，对阿嵯耶观音信仰符合了人民的精神需求，形成独特的信仰形式。从而将阿嵯耶观音精神化，神圣化，赋予了特殊、神圣的意义而被人们备加崇推，对它的崇拜经久不衰。阿嵯耶观音独特的民族信仰，产生了鲜明的民族意识和集体象征意义，阿嵯耶观音信仰记录了最初大理地区观音信仰的原始状态，表现了白族人民的民族意识和价值评判。阿嵯耶观音信仰对地方文化产生了深远的影响，对民族意识的认知及其文化价值的肯定有着重要的意义。对民族自信心的重塑，对地方文化发展有着重要的价值。因此，不同材质的阿嵯耶观音是代表着大理地区人们精神记忆的一种符号，深刻地记录下大理人民的种种精神生活。可以说阿嵯耶观音的信仰蕴涵着深层民族意识和民族精神的思想特质。

西南西北博物馆

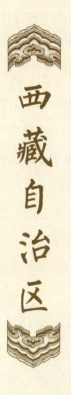

西藏自治区

Xi Zang

作为藏族人民血汗和智慧结晶的西藏历史文物，不仅丰富多彩，而且更以其浓郁的地域和民族的独特风格著称于世。

公元7至9世纪的藏王陵，颇像一座座小金字塔，使山南大地平添了许多耐人寻味的人文景观。公元10至12世纪的古格故城，或藏或露，隐含着无数待破译的历史密码，它使世界上海拔最高的县城扎达闻名遐尔。还有许多古城堡、王宫遗址以及贵族庄园等等，都是一部部待解读的史书，一座座待发掘的文化宝库。它们吸引着众多游人去探索这片古老的大地，去探索充满血泪和骄傲的遥远的过去。

石雕造像也是西藏文物中的一朵奇葩。位于拉萨药王山脚下的查拉路甫石窟，开凿于7世纪中期，现存有70余尊石雕像，具有明显的印度风格。药王山长达2公里的山体上，雕刻着数万尊佛和历史人物造像，小的仅有几厘米，大的则高达数米。品味这些天才的创作，不仅使人得到历史的启迪，也会使人的心灵在艺术享受中得到熏陶。

在布达拉宫、罗布林卡、扎什伦布寺、萨迦寺、白居寺等一些著名的寺庙壁画上，不仅可以欣赏到宗教活动的场面，还可以看到群众节日欢庆和日常生活的情景以及大自然的美景。如果耐心地仔细观察，甚至可以看到中国长江南北的旖旎风景和名胜之地。可以说，藏族的寺庙及其壁画、塑像和所藏文物，是一部西藏的百科全书，也是藏族社会历史生活的全息摄影图册，可看，可读。

埋葬在地下的大量石器、陶器等原始社会文化遗存，以及用颜料涂画（或用工具浅刻）在山体上的岩画，是藏族先人用特殊手段和方式与现代人的对话，默默期待着人们破译他们留给后人的密码。保存在寺庙和文物部门的大量书画、佛像、唐卡、经书，以及金、银、玉、铜、瓷器等等，都是价值连城的瑰宝，可供人们鉴赏、品玩。极富特色的西藏文物，蕴涵着雪域的神秘，充溢着民族风情，它不仅展示着佛的世界，也传递着藏族先人的历史信息。

西南西北博物馆 | 镇馆之宝

西藏博物馆

金奔巴瓶

【清　镇馆指数★★★★★】

　　金奔巴瓶，简称"金瓶"，系乾隆五十七年(1792)由乾隆皇帝亲自主持之下设计制作的，其中一件颁于西藏大昭寺，一件颁于北京雍和宫。在乾隆所书雍和宫《喇嘛说》碑文中云："兹予制一金瓶，送往西藏，于凡转世之呼必勒罕，众所举数人，各书其名置瓶中，掣签以定"。又各蒙古之大呼必勒罕转世，令于雍和宫之金瓶内掣签。其目

【金奔巴瓶】

的在于"整治流弊",护卫佛教,以"安藏辑藩,定国家清平之基于永久"。此瓶系遵旨用内库六成金八十两制作,其造型主要取材于皇宫内藏草瓶样式而略加改制,并于当年十月二十六日交雍和宫郎中德龄在法轮殿供奉。

金瓶高 35.5 厘米,瓶腹径 21 厘米,底径 14.5 厘米。瓶腹上部为一圈如意云头图案,中部錾刻"十相自在图",此图又名"时轮金刚咒",藏语称"朗久旺丹",是修习藏传佛教密宗时轮金刚本尊大法时所持之咒语。金瓶的瓶座与瓶盖饰云头、海水、如意宝珠、缠枝莲图案,瓶盖顶部嵌白玉一颗,其下嵌松石、珊瑚、青金石等。金瓶外包瓶衣,另有象牙牌五支,系掣签前书写灵童名字之用。

活佛转世是藏传佛教特有的传承方式,公元 13 世纪,噶玛噶举派的黑帽系首领圆寂后,该派推举一幼童为转世继承人,从而创立了活佛转世的办法,此后各教派先后效法。公元 14、15 世纪之交,藏传佛教格鲁派创立,并逐渐形成了达赖喇嘛和班禅额尔德尼两大活佛系统。经过中国清王朝中央政府的册封和认定,达赖喇嘛和班禅额尔德尼在藏传佛教中的地位得以确立。

活佛转世系统形成后,经过一系列历史演变,最终形成了以"金瓶掣签"认定活佛转世灵童的制度。在历史上,大活佛转世灵童的认定存在着诸多弊端,转世活佛往往是由"吹忠"(即护法喇嘛)作法降神祷问指定,于是贿赂吹忠、假托神言、任意妄指之风盛行,转世灵童多出自王公贵族之家或出自族属姻娅,一些上层贵族或大喇嘛乘机操纵了宗教大权。更为甚者,噶举派红帽系十世活佛借故要分扎什伦布寺的财产,失败后竟勾引廓尔喀入侵后藏,危及国家、百姓安全。面对大活佛转世灵童最后认定中的这些弊端,清高宗接受西藏地方僧俗界"立定法制"、"垂之久远"的请求,在派遣官兵击退廓尔喀入侵之后,谕令进藏官员筹议善后章程。1793 年乾隆帝正式颁布《钦定藏内善后章程二十九条》,设立金瓶掣签制度。该章程第一条明确规定:"大皇帝为求黄教得到兴隆,特赐金瓶,今后遇到寻认灵童时,邀集四大护法,将灵童的名字

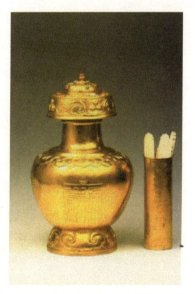

【金奔巴瓶】

及出生年月,用满、汉、藏三种文字写于签牌上,放进瓶内,选派真正有学问的活佛,祈祷七日,然后由各呼图克图和驻藏大臣在大昭寺释迦像前正式拈定,"认定达赖、班禅灵童时,"亦须将他们的名字用满、汉、藏三种文字写在签牌上,同样进行。"至此,"金瓶掣签"制度以国家法律的形式确立下来。

金瓶掣签制度确认了班禅转世灵童的产生办法,即按宗教仪轨,由有关寺院和地方政府寻访灵童,再对访到的众灵童逐一筛选,被确定下来的灵童人选的灵异情况等禀报皇帝,请求准予"金瓶掣签"认定。皇帝恩准后方可择日在释迦牟尼像前由驻藏大臣主持掣签,认定转世灵童。而后由驻藏大臣上奏皇帝,请求任命。皇帝批准后,由中央政府派大员前往看视并主持坐床大典。"金瓶掣签"是中央政府对西藏行使主权的重要组成部分,是清王朝为"整治流弊"、"护卫黄教"、使活佛转世制度得到必要的整顿而制定的"万世遵循"的具有最高法律效力的制度。它符合宗教仪轨,体现了释迦牟尼的"法断",同时还有助于杜绝营私作假的流弊、弘扬正法、避免纷争。

五世达赖金印

【清　镇馆指数★★★★★】

清顺治九年（1652），五世达赖阿旺·罗桑嘉措亲率三千人赴北京觐见顺治帝，受到册封，次年四月，顺治帝派礼部尚书觉罗朗球等前往西藏赐授金册、金印。达赖喇嘛之印较大，重8500克，印面呈正方形，刻有满、汉、藏三种文字。通过这一次赐印，"达赖喇嘛"这一封号及

【五世达赖金印】

其政治地位便从此确立下来。

五世达赖金印金质，扁方体，如意钮，印文为"西天大善自在的佛所领天下释教普通瓦赤拉呾喇达赖喇嘛之印"，重8257克，配有金质印盒。清朝中央政府对西藏宗教领袖（主要是达赖、班禅）的册封标志物。用黄金制成册页和印鉴，册上刻有诰封诰书，印鉴上刻有受封名号。

清廷在册封达赖喇嘛的同时，还册封握有西藏军政大权的蒙古和硕特部领袖固始汗为"遵行文义敏慧固始汗"。布达拉宫、扎什伦布寺分别保存有清朝赐给历世达赖和历世班禅的金印金册。1995年12月国务院代表、国务委员李铁映在西藏日喀则主持了第十一世班禅坐床典礼，并代表国务院向第十一世班禅颁授金册金印。

乾隆以前官印常用满文本字，印背也凿刻满文楷书，从乾隆十三年九月（1748）改用御宝满汉篆书。印文多为满汉文芝英篆，起笔和收笔均呈芝英状。所谓芝英指的是一种特殊的字体，清代官印所用文字的最大特点是满汉合璧，1748年，乾隆皇帝命儒臣创制出了32体满文篆字，每种都吸收了汉唐以来的书法精髓，这芝英体就是32体篆字中的一种。

清代印制完备，皇帝的印信称为玺或宝，其材质多样。

【五世达赖金印】

皇太后、皇后、皇贵妃、亲王、世子之印均为金质,称为金宝,皇太后、皇后金宝均为三等赤金,皇贵妃金宝用六成金,妃金印用五成金,亲王、世子金宝用四成金。官员所用印信按级别分为印、关防、钤记和图记,印为正方形,分金印、金饰银印、铜印几种。由此可见,等级越高,金子的量就越大,成色也就越足。

镇馆之宝 西南西北博物馆

陕西省

Shan Xi

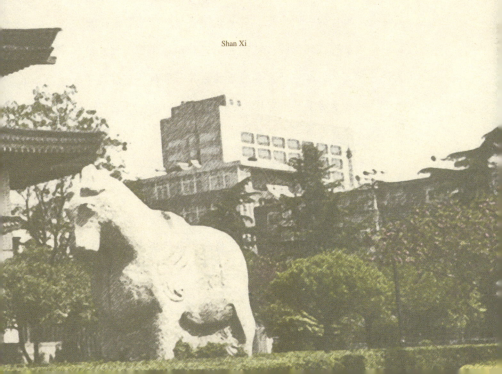

陕西历史悠久,早在110万年前,"蓝田猿人"就在灞河两岸生息繁衍;西安城东的半坡遗址,展示着六七千年前母系氏族社会的进步和文明;大约五千年前,华夏始祖炎帝、黄帝带领各自的部落,在陕西北部黄土高原一带开创了中华文明;后稷开启农耕文明,张骞发轫丝绸之路,司马迁独领传记史书之风骚……无不标志着陕西古代文明的灿烂与辉煌。

陕西是远古文化的摇篮之一。陕西从西周起,就进入了一个新的历史发展时期。周族是陕西关中一个古老的部族。周人以周原为活动中心后,就有了文字记事,把卜辞和占卜有关的记事文字刻在骨片上,后来又在青铜器上铸刻铭文。周代的古阴阳历,就是我国最早的历法。秦阿房宫、秦始皇陵、汉阳陵、乾陵等都记录印证了博大精深的陕西古代文化,其中已发掘的秦始皇兵马俑坑,就展现了一个巨大地下雕塑艺术宝库,反映出当时高超的艺术水平,是我国文化史上的一个光辉篇章。

俗话说"地上文物看陕西",在陕西众多的博物馆里,你不仅可以看到厚重的青铜器,更能看到陕西独特的唐代壁画珍品。位于陕西历史博物馆东展馆地下一层的唐代壁画珍品馆,是目前国内最大、设施最先进的唐代壁画陈列馆，这是我国目前唯一大规模展示墓葬壁画的专题陈列馆。在这里可以看到包括章怀太子墓客使图、马球图、狩猎出行图，懿德太子墓阙楼图、仪仗图，永泰公主墓宫女图在内的最精彩的唐墓壁画珍品97幅。唐代壁画珍品馆是中国与意大利文化合作的成果。该合作项目总投资7300多万元人民币，展柜设备全部从意大利购买，采用现代的先进技术手段，让壁画与人完全隔离，以避免多种有害气体、粉尘及人为行为损伤壁画。

西南西北博物馆 镇馆之宝

陕西历史博物馆

牛首五耳鼎

【西周　镇馆指数★★★★★】

在青铜器中，鼎的造型有圆形、方形、分挡等多种，其中最常见的是圆形鼎。资料表明，不论是传世还是出土的数量众多的青铜鼎中，圆形鼎的数量远远超过其他类型鼎的总和。龙纹五耳鼎是圆形鼎中的一件别具一格的代表作。

这件鼎1979年出土于陕西淳化县史家源村。通高122厘米，口径83厘米，形体庞大，造型庄重。它是西周早

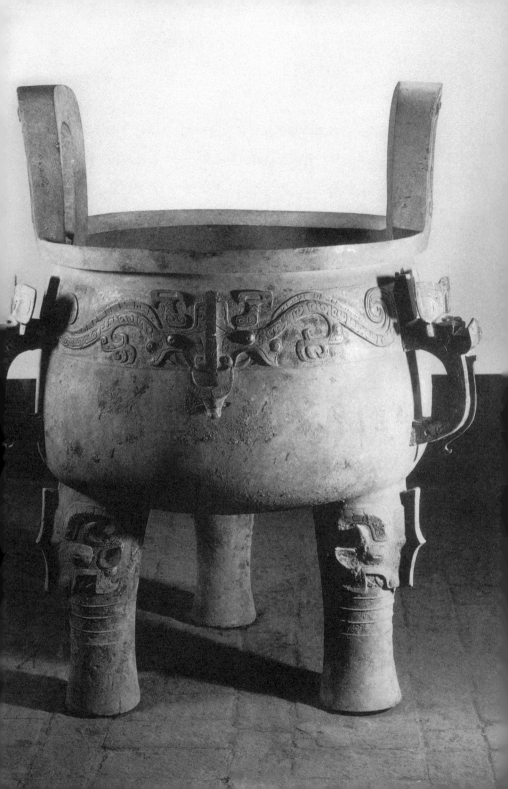

期器物,但基本造型仍保持了殷商晚期的风格。沿外折,沿上对称地耸立着粗大双耳,上端略外侈。腹部较深,底部平阔,下腹大于上腹,外形成垂腹状。这种式样是这一时期流行的做法。足为粗壮的柱足形状,上部变粗,微束腰,明显具有向蹄形足转变的趋势。另外在鼎腹中部,加饰三环状耳,环耳作立兽形,如此.鼎上共有五耳,为青铜鼎所仅见。腹上部饰一道龙纹带,鼎足上端饰兽面纹及短扉棱。整个装饰简练而鲜明,作风朴素但又不失华美,与传统的繁缛风格大异其趣,给人以别开生面的清新感受。

龙纹在商周青铜器的装饰花纹中占有重要地位,形式也比较多。常见的纹样,一种是蟠龙,龙体蟠屈,以龙首为中心,盘曲成一团。再一种是单首双体龙纹,龙首居中,左右两条龙身。这件五耳鼎的龙纹即是这一类。再一种是头有伞状独角,龙体曲折成勾连状,已经抽象化了的龙纹。还有一种数龙相互蟠绕的龙纹,这一形式流行的时间比较晚,在西周后期。这件五耳鼎的双体龙纹,造型和工艺都非常精美,龙首突起,正面看犹如一兽面,双目突出,中央是一短扉棱,龙身柔长,蜿蜒伸展,龙尾卷起,全身饰阴刻勾连云纹,背有鳍,独角,角上有伞形冠盖,身下一足四爪,真有点灵活游动,神采奕奕的味道。

我国古代对于龙的崇拜，过去认为起于商代，考古发现证明，在五六千年以前的仰韶文化已经存在。1987年，在河南淮阳市西水坡仰韶文化墓葬中，首次发现用蚌壳在人骨架右侧堆砌出龙、虎的形象，

【牛首五耳鼎】

说明在原始社会已有龙的崇拜。上古时代，氏族部落的人们把龙作为崇拜的图腾，这已毫无疑问，但还不限于图腾，《易林》说："黄帝驾龙乘凤，东上泰山，南游齐鲁、邦国咸喜"，中国人的始祖黄帝是龙属，周人更是以龙自居。"既见君子，为龙为光"，（《诗经·小雅·嘉鱼》）"用昭乃穆，王显龙光"，（《浧父钟》）都说明以龙自居。因此，在鼎上以龙纹作装饰，是为了把自己标榜为龙属，龙子。所以，青铜器上龙纹的使用，除含有图腾意义以外，恐怕主要是为了显示自己是龙子，这也是王权思想的一种反映。

陕西省 Shan Xi

唐墓壁画

【唐　镇馆指数★★★★★】

在陕西历史博物馆，有一个安静却备受瞩目的角落。很多人期望从这里了解心中的"唐人"生活场景，而专家学者则试图透过这里的馆藏壁画来还原盛世图景、找寻历史真相，这里就是陕西历史博物馆唐墓壁画馆。陕西是唐代建都的地方，总共有19位皇帝，留下了18座陵墓，这些陵墓都有大量随葬墓。现在，陕西总共发掘清理过的唐墓大约200座，而唐墓壁画馆则保留了约20座壁画墓的壁画。

中国古代一直有"事死如生"的说法，人们把死亡看得和"生"一样重，因此，死后墓葬都会周密设计，尤其是帝王将相的陵墓。据目前考古资料来看，墓室壁画在中国秦代已经出现，其后，无论汉唐还是宋元明清，壁画的绘制始终没有间断。唐代是中国古代墓室壁画最灿烂光耀的一个时代，当时长安城集中了大量著名画家，如阎立本、吴道子等人，他们在长安宫殿和一些著名寺院绘制了大量的壁画，并保有各自独特的艺术风格，从而创造了长安建筑独有的特色。随着时代变迁，壁画的题材和风格也发生

【唐墓壁画】局部

西南西北博物馆 | 镇馆之宝 一

【唐墓壁画】

了极大变化，但总的来说，唐墓壁画的题材大致可分为七大类：即四神图、仪卫图、列戟图、建筑图、内侍图、游猎图和星象图。这些壁画不仅是当时现实生活的写照，而且也成为一个时代的特定符号。

唐代墓葬壁画的内容具有鲜明的时代特征，在艺术技巧上也达到空前的水平。壁画和墓葬规模、葬具、随葬品一起成为等级制度的重要标志之一，也是展示当时社会风貌的巨幅画卷。乾陵17座陪葬墓中的章怀太子墓也赫赫有名，可谓代表了大唐墓室壁画的最高水平。章怀太子的墓形制规模介于"王"和"太子"之间，与其他皇室成员墓葬相比，壁画拘束甚少，题材多样，极具现实主义风格，画面也很注意人物之间的呼应关系。很有意思的是，为了把墓主人生前的生活场景和对理想生活的向往带入身后的世界，画师们做出了各种可能的尝试。在其娴熟激情的笔触里，既有对大唐宫廷生活的精彩记录，也有流露于线条之间的隐约情愫和爱憎：那些宫女都画得非常可爱，表示出对她们的同情怜悯；但太监的描述就很奸佞，叫人望而生厌。这些各具特色、精彩纷呈的墓室壁画，无疑是展现唐代生活的巨幅画卷。

李贤是唐高宗李治和武则天次子，他在高宗的子女中是较有才的一个，深为高宗所喜爱，曾被立为太子。他曾召集中国的著名学者注释过《后汉书》。书中谈到汉高祖刘邦死后，其妻吕后大量启用吕家的人，排挤朝廷大臣，篡夺汉室刘姓天下的史实。武则天认为这是在含沙射影地将她比作吕后，忌恨在心，于是千方百计地加害李贤。为了保护自己，李贤不得已在他居住的东宫马坊里暗藏武器，以防不测。武则天发现后便以私藏武器，图谋不轨为借口，将李贤废为庶人，流放到巴州（今四川巴中县）。公元684年，李贤在巴州神秘地死去，年仅31岁。对于李贤之死，众说纷纭，但多数人认为是武则天怕李贤东山再起而派人害死的。唐中宗复位后，于公元706年，即武则天死后的第二年，将李贤遗骨迁到乾陵陪葬。公元711年，唐睿宗追封李贤为"章怀太子"。墓的结构与永泰公主墓基本相似，只是小些。墓中壁画五十多幅，保存基本完好。其中打马球图、狩猎出行图、迎宾图、观鸟捕蝉图等都很精彩。显示了唐代高超的绘画水平。墓内还出土大量陶器等文物，制作精美，造型生动。

墓道西壁的《打马球图》，画有骑马人物20多个，前面5个手执球杖，正在驱马抢球。其中一人作反身击球状，姿态矫健，得心应手。这幅壁画形象地再现了唐代马球比赛紧张惊险的夺球场面。唐代马球从波斯（今伊朗）传入中国，风行于宫廷。当时宫廷中上至皇帝，下至文武百官，甚至妇女都爱打马球。唐代的宫城和禁苑里多半筑有马球场，有的贵族官僚还有自己的马球场。唐代以后，马球运动开始流行全国，直到明朝末年才开始逐渐失传。

墓道中部东壁的《迎宾图》形象地再现了唐代官员接待外国使臣的场面。前面两个是热情的唐朝官员，后面3个是外国使臣。经考证，外国使臣中的一个是东罗马帝国人，第二个是朝鲜人，第三个是我国古代的少数民族突厥人。这幅壁画反映了唐王朝活跃的外交及唐王朝与我国其他少数民族友好往来的实况。

鸳鸯莲瓣纹金碗
【唐　镇馆指数★★★★☆】

1970年，在西安南郊何家村，发现窖藏唐代金银器1000多件，这是我国唐代金银器的一次空前发现。其中两件鸳鸯莲瓣纹金碗最为珍贵，代表了盛唐时期我国北方金银器制作的高度成就。从现在掌握的资料看，这是唐代金

【鸳鸯莲瓣纹金碗】

银器中仅见的最富丽的金碗。金碗是锤击成型的，纹饰采用平整手法做成，而且通身装饰有鱼子纹地，以突出各类纹样的装饰效果。

金碗敞口鼓腹，喇叭形圈足。高5.5厘米，口径13.7厘米，足径6.7厘米。外腹部錾出两层浮雕式的仰莲瓣，每层十瓣。上层莲瓣内分别錾出狐、兔、獐、鹿、鹦鹉、鸳鸯等禽兽图样，禽兽周围填以对称的花草。下层莲瓣均作忍冬纹。圈足内刻鸳鸯一只，饰忍冬云纹一圈。圈足饰方胜纹和菱形花纹图案，实为简化了的四瓣莲花纹。足底边缘饰联珠纹一周。内底部刻蔷薇式团花一朵。内侧墨书"九两三"三字。

在圈足内的装饰主题是鸳鸯。《古今注》云："鸳鸯，水鸟，兔类也。雌雄'未尝相离。人得其一，一思而至于死。故曰'匹鸟'。"古人以诗赋形式对鸳鸯之情咏颂。唐代人们喜爱鸳鸯，所以，鸳鸯是有唐一代珍禽装饰中的主要纹样之一。

另外一件金碗的内侧有墨书"九两半"三字。这种墨书标重在何家村窖藏及其他窖藏的金银器中常常见到，这是唐代整理金银器留下的痕迹。大家还记得《红楼梦》中，丫头鸳鸯是替贾母掌管金银器的，每次使用后，都要称重后入藏。唐代金银器的掌管者,为防止以轻换重,在每件器物上往往都以墨书标重,有的直接錾刻出重量,反映了金银器在人们心目中的重要地位。

鸳鸯莲瓣纹金碗所采用的装饰手法,称为适合纹样构图。它是将要装饰的器物划分成许多小区间,然后给这些小区填以适合纹样。通过每个小区间的装饰,达到美化整个器物的目的。这种手法常见于初、盛唐,中晚唐就不多见了。

金碗实物出土罕见,文字记载亦不多。有文献曾说:"源中翰林承旨,暇日与诸昆季蹴鞠,球误中源中之额,薄有所损。俄有急召比至,上讶之。源中具以上闻。上曰:'卿大雍睦。'命赐酒二盘,每盘贮十金婉,每碗各容一升许。宣令并碗赐之。源中饮之无余,略有醉容。"可见,金碗多为皇帝所使用,由此可知何家村鸳鸯莲瓣纹金碗的珍贵了。

舞马衔杯纹皮囊式银壶

【唐 镇馆指数★★★★★】

1970年10月,在西安南郊何家村窖藏出土的二百多件唐代金银器中,有一件银壶不但形制特殊、纹饰精美,而且还反映了大唐帝国从兴盛走向衰落的历程,因此,自出土以来便受到人们的极大关注和高度重视。它就是早已蜚声中外,现藏于陕西历史博物馆的舞马衔杯纹皮囊式银壶。

这件银壶高18.5厘米,口径2.3厘米。其造型采用了我国北方游牧民族携带的皮囊和马镫的结合形状。扁圆形的壶身顶端一角,开有竖筒状的小壶口,上置覆莲瓣式的壶盖,盖顶用银链与弓状提梁相连,壶底焊有椭圆形圈足。这种形制,既便于行军、外出时携带,又便于日常生活使用,表现了唐代工匠在设计上的匠心独运。此外,弓状的提梁、覆莲瓣壶盖,以及壶身两面所饰的骏马均饰以鎏金,黄灿灿的金色与银白色的壶体交相辉映,色调格外和谐富丽,歌舞升平、雄浑博大的盛唐气象尽现于此。

唐代贵族极喜豪宴。这件做工精美的舞马衔杯银壶就是当时宴会上用来盛酒的容器,由此不难想见当日宴饮的

豪华场面。而银壶壶体两面各模压有一匹翘首鼓尾、衔杯跪拜的骏马，则是玄宗时有名的舞马形象。唐代权贵不但喜爱宴饮，更酷爱狩猎并把其视为人生的三大乐事之一。因此，唐代非常盛行养马，以马为题材的文物更是在全国各地大量出土，但以舞马为题材的文物却极为少见，这更大大增加了这件银壶的价值。

关于舞马，《唐书·音乐志》《明皇杂录》等古籍中均有记述。玄宗时，宫廷中驯养了好几百匹舞马，玄宗经常亲临训练场观看并亲自训练。这些舞马被分成左右两部，每匹马还取有如"某家宠"或"某骄"的名字。每逢八月五日玄宗生日(即"千秋节")这一天，便在兴庆宫的勤政、花萼两楼下举行盛大的庆祝活动并以舞马助兴。这时，舞马披金戴银，在《倾杯乐》的节拍中跃然起舞，奋首鼓尾，纵横应节，舞姿翩翩。高潮时，舞马则跃上三层高的板床上旋转如飞。有时，还让壮士把床举起，让马在床上表演各种惊险奇妙的舞姿，而穿着淡黄衫、系着文玉带的姿色秀美的乐工则站在周围为舞马伴奏。曲终时，舞马口衔酒杯，跪拜在地，向皇帝祝寿。

天宝年间，安禄山一身兼任了平庐、范阳、河东三镇节度使，权势日增，骄恣横行。为了夺取中央政权，以诛杨国忠为名，于天宝十四年(755年)在范阳(今北京市)发动了武装叛乱，并于第二年攻陷了长安，玄宗李隆基携杨贵妃仓皇出逃。这就是历史上著名的"安史之乱"。由于安禄山是杨贵妃的养子，他在天宝年间曾多次入朝见过舞马祝寿的盛况，因此，入京后掳掠了数十匹舞马带回范阳。安禄山败亡后，舞马转归其大将田承嗣所有，但他把它们当做一般的战马饲养。一天，军中宴乐，随着阵阵鼓乐声起，这些舞马也习惯性地应节跳跃起舞，饲马军士以为是妖怪，便用扫帚击打，但仍然无法阻止舞马跳舞，田承嗣以为是马怪，便命军士将其鞭挞而死。从此，舞马祝寿这一独特的宫廷娱乐形式便从中国历史舞台上销声匿迹了。舞马衔杯纹皮囊式银壶为我们提供了一幅唐代宫廷祝寿活动的特写，也证实了有关史书记载的准确、可靠。同时，舞马的盛衰，伴随着唐王朝的盛衰，从某种意义上讲，它也是唐代社会发展的缩影。需要指出的是，这件银壶还反映了唐王朝与北方少数民族之间的文化交流。马镫式壶，在辽金时代的古墓中常有发现，但在唐代的金银器中则是首次发现。这种形制的壶，学术界一般把它当做是契丹文化的典型器物。契丹是我国北方的少数民族之一。有唐一代，它与唐王朝保持着密切的关系，契丹人不但从汉族那里学到了许多先进的生产技术，而且契丹文化也被中原吸收、融合。这件舞马衔杯纹皮囊式银壶在唐都长安的出土，正是汉族和契丹等各民族人民文化交流的明证。

兽首玛瑙杯

【唐　镇馆指数★★★★★】

兽首玛瑙杯，是至今所见唐代少见的一件俏色玉雕，也是唐代玉器做工最精湛的一件。兽首形玛瑙杯，于1970年10月在陕西西安何家村出土。这是一处文物窖藏，在两个陶瓮内共出土各类珍贵文物一千多件套，其中金银器270件，宝石玉器36件，玉器中有玉带、玉镯、玛瑙羽觞、水晶杯、玛瑙臼、玉杵等，同出土的还有日本的钱币和同开宝银币、波斯银币、东罗马金币等。其中以兽首形玛瑙杯等最为引人注目。

兽首形玛瑙杯，现珍藏于陕西历史博物馆。玛瑙杯高6.6厘米。长15.6厘米，系选用世间极为罕见的红色玛瑙琢制。玛瑙为不纯净的杂色料，两侧为深红色、中央是淡淡的浅红色,中间夹心,系略带红润的淡白色,犹如三明治,

【兽首玛瑙杯】

层次分明,鲜润可爱,确是千载难逢的俏色玉材。

玉匠看到这样的玉材,纹理色泽弯曲多变,因材施艺,艺尽其材,制作成高贵典雅,形象可爱的兽首形玉杯。在纹理竖直的一端,雕琢成杯的口。杯的口沿外有两条圆凸弦纹,光滑流畅,粗细间隔恰到好处。竖直的纹理从视觉上看,给人以稳重感。在纹理横向的一端,雕琢成一兽首形,这是玛瑙杯雕琢技艺的精华所在。兽首圆瞪着大眼,目视前方,似乎在寻找和窥探着什么。作者连兽眼的眼球都刻画得黑白分明,形神毕肖,真是起到了"画龙点睛"的作用。兽头上下的肌肉,仅寥寥数刀,已是入木三分,生动传神。兽头上的两个角,粗壮有力,几度弯曲,富丽多色,凝结着力量和生命,显示出强烈的动态美。两只硕大的兽耳,高高竖起,微微内收,好像在倾听一切可以听到的声音,迷人极了。玛瑙杯的作者描述的是猛兽全神贯注飞驰奔腾的一瞬间,具有较好的艺术感染力,真是曲尽其妙。从眼神、大耳、双角看,兽似牛首,但又不太像,故只能用兽首形称之。千万不要疏忽的是,兽嘴上还镶金。这镶金,既使玛瑙杯的身价提高了,又是工艺设计上的成功之作。若不镶金,兽嘴处材质色泽太深,会黯然失色,从而影响器皿的整体美。兽嘴镶金,金光闪闪,更突出了兽首的造型美,给人以无穷的艺术遐想。兽头处隐约的纹理，又显示出较好的肌理美。

这件国之重宝，虽形似杯，却不会是实用的杯，它既象征着财富，又体现着权力，是一件高贵的艺术品，同时它又可能是一件珍贵的国礼。从好几个方面表明，这是一件来自中亚的具有阿拉伯风格的艺术佳作。

唐代经济繁荣，文化发达，对外交往频繁，首都长安(今西安)成为国际贸易和学术文化交流的中心。这一时期，中国的商人到了中亚和西亚。阿拉伯等国的商人、传教士也来到中国，在长安的外国人多至四五千人。这时候中国文化大量传入朝鲜和日本；中国的造纸术传至中亚，以后数世纪中，再由阿拉伯人传入欧洲，对西方文化事业起了巨大的推动作用，同时中亚西亚的文化艺术也大量传入内地。这是兽首形玛瑙杯东传的历史背景。

从同出器物上看，何家村唐代窖藏是一个世界艺术宝库，除中国文物外，还有东罗马、波斯、日本等国的金银币。有可能兽首形玛瑙杯是和东罗马、波斯金银币一起，作为文化交流的使者，来到长安的。这还可以从文献上得到佐证，《剑日唐书》记载：开元六年(718)康国(今苏联乌兹别克共和国撒马尔罕一带)遣使献玛瑙杯，天宝六年(747)

波斯遣使献玛瑙床。

从材料上看，中国是盛产玛瑙的国家，中国人也十分喜爱玛瑙。数千年来，玛瑙一直是我国玉雕的重要原材料，但中国玛瑙色泽以白、黄居多，株青其次，红色玛瑙极难见到，象兽首形杯的红色夹心玛瑙不产于我国，应产于西域。从造型上看，中国玉雕宝库中杯类玉器或动物形玉器，是颇为普遍的、但类似兽首的玛瑙杯造型仅见此一件，而这种造型的器皿，在中亚西亚，特别是波斯(今伊朗)艺术中，是较为常见的。当然，也不排除兽首形玛瑙杯是由居住在长安的中亚工匠雕琢的。

三彩骆驼载乐俑

【唐　镇馆指数★★★★★】

1957年，在西安西郊一号唐墓中出土了一件唐三彩骆驼载乐俑，墓主人鲜于廉，出身行伍，死时官至将军。这件驼载乐俑的驼峰平台上有乐手四个，舞俑一个，多为深目高鼻的胡人。载乐俑以胡乐、胡舞的新颖题材，三彩釉的鲜明色调，别创一格而引起轰动。两年之后，由西安郊

区中堡村一座普通的唐墓中,又出土了一批唐三彩,其中同样有一件骆驼载乐俑,也就是本文介绍的这件,其形体虽不如一号墓出土者高大,但所载舞乐俑多达八人,不仅阵容庞大,而且乐器齐全,有助于我们研究盛唐时期的音乐、歌舞,尤其是在西域舞乐对内地的影响方面,加深了实感性的了解。

中堡村唐墓出土的驼载奏乐俑,通高56厘米,长41厘米。其载体骆驼站在长方形的底座板上、高49厘米,四腿强劲直立,挺颈、昂首、张口,作嘶鸣状,一变"沙漠之舟"笨拙呆滞样子,而使之有轻健之感。驼身作白釉色,颈部上下、前腿上端及尾部生有长毛处涂以储黄色釉。驼背部垫有一椭圆形的蓝色毯子作鞍,在双驼峰上设木架平台,铺有一条多彩长毛毯向两侧下垂。毛毯周边作辫线状,垂丝装饰涂茄紫色彩,毯身刻划菱形图案,上涂黄、紫、白三色釉。

驼背平台上有七个男乐俑,头戴软巾,身穿圆领窄袖长衣,盘腿环坐于驼背的毯上,中间立一歌舞女俑。在七个乐俑中,前端两乐俑,一人捧笙、一人手执箫,做吹奏状;右侧两乐俑,一人怀抱琵琶,一人手拿箜篌,皆作弹奏状;左侧两乐俑,一人手托笛、一人手拍板;平台后方一乐俑,背前面后而坐,执排箫作欲吹奏状。中间立俑高11.5厘米,丰颊肥体,是一个中年女俑,高发髻,身着宽衣长裙,袒胸,仪态丰满,平视前方,右手前举,左臂后撤,作歌舞状。这件载乐俑出土时,旁边还有牵骆驼俑,高鼻深眼,头系软巾,身穿大翻领深黄衣长至膝部,束腰带,内衬白绿黄色短衣,足穿长筒靴,两手握举作牵驼状。

这组舞乐俑,从其形态、风格分析,可以确定是盛唐时的作品,乐俑所用的乐器基本上都是胡乐,而舞乐者均是穿着汉人衣冠的汉族。考古学家根据这些特点,指出这组舞乐俑的形象有别于胡舞,应是盛行于开元、天宝时的"胡部新声"。这种"胡部新声"开始是新疆地区的舞乐,后来传至甘肃河西一带,经河西汉族人民加以改造后一度流行长安。

看到这组舞乐俑的立体形象,使我们想起以长安为起点,横穿亚洲的丝绸之路,想起了在这条友谊之路上中西经济文化交流的盛况,以及作为当时国际都会的繁荣。盛唐时代,西域的音乐、舞蹈正是通过丝绸之路上,风尘仆仆的骆驼队而传入内地,大量的丝织品则通过这些沙漠之舟运往西方,从而使中国获得"赛里斯"(丝国)之称。西郊一号唐墓所出土的载乐三彩俑,是地道的胡舞、胡乐,他们跋涉了漫长的沙漠路,来到丝路的起点,奉献给东方的人民。中堡村唐墓所出的载乐三彩俑,却是经过汉化、改造了的"胡部新声",整装待发的明驼,正准备启程返回产生这种舞乐的第一故乡。

往事越千年,当我们闭目遐想这色彩斑斓的骆驼驮送"胡部新声"西出长安都门,载歌载舞行进在洒满丝路花雨的旅途上时,也就更深刻地理解了中国文化的强大的融化活力。

陕西省　Shan Xi

秦始皇兵马俑博物馆

铜车马

【秦　镇馆指数★★★★★】

秦始皇陵封土西侧有一规模 3000 余平方米的车马坑，里面分成若干小单元，埋葬了很多御用车马。1980 年，秦陵考古队试掘了其中一个面积只有 10 多平方米的小坑，出土两乘大型彩绘铜车马。两乘模具般细致准确完整逼真的铜车马一经问世，即倾城倾国，使围绕车制聚讼千年而不决的许多学术公案，一下子涣然冰释。

【铜车马】

秦陵出土的这两乘铜车马按照实物的 1/2 铸造并精心彩绘,忠实地反映了原车面貌。两车都是典型的御车,单辕,双轮,驾四马,通长分别为 2.25 米和 3.17 米,高 1 米多。每辆车都由 3000 多个复杂零件组合而成,其中既有每匹重达 200 多公斤的铜马,又有小不足两的附属零件,既有极难把握的人物铸造,又有构思奇巧的各种衔接。人马造型栩栩如生,精美绝伦,车饰铸作丝丝入扣,细致奇巧。

两乘铜车马称得上是青铜极品,展示的秦代冶铸工艺、机械加工以及装配连接工艺,无不令人击掌称奇。其实从组合复杂精细严密的结构特征分析,铜车马从设计开始就具备了不凡的品位,进一步的铸造、加工、连接、装配,几乎不亚于今天许多复杂的机械制造。与单一铸造不同,铜车马铸造中首先要弄清车马不同部位对性能要求的差异,然后有针对性地采用十多种不同的金属成分配比和多种复杂的冶铸工艺,科学地完成了各部分铸造,所克服的技术难题是今天无法想象的,其工艺技术的高超程度,长时期代表着青铜冶铸技术的巅峰水平。超长超薄部件的铸造就是最好的说明之一。一、二号车车盖都是大型超薄曲拱形铸件,二号车盖的面积达 2.3 平方米,厚度只有 1～4 毫米;弓缚则是典型的超长铸件,直径 6 毫米,长度则达 5 米。

车盖与弓缚的铸造即使放在今天,也应划归高难技艺之列。然而,秦代"国工"成功地铸出了它,而且一系列现代检测证明,冶铸质量达到了很高的水准。

铜车马是高度写实的作品,它和兵马俑一起,几乎在人们对古代中国雕塑历史的固有认识上引起一场革命。

铜车马的科技成就无疑令人惊叹,不过更引人注目的还是它魅力四射的艺术神韵。铜车马制作精细、准确,比例严格,对细部的刻画一丝不苟。它不仅追求形式的逼真——车舆上编织的皮革、束缚的绳索、毛发、织物等等,无不惟妙惟肖,酷似原物。更追求神韵的表达,尤其是人物马匹的神韵。两个御官俑是铜车马造型的代表之作,塑造了两个个性鲜明的古代高级官吏形象。御官既有几分恭谨和持重,又有几分作为高级官吏志得意满的微笑,体现在眼弯和嘴角深处的细小刻画上,御者身着的长襦,衣服上的绶带,头戴的长冠,腰际的佩剑,都是御官身份的鲜明标志。揽辔则是其特征性动作,与表情相呼应。八匹马也塑造得生动传神,肌肉筋腱突出了马的力感,削竹一样竖起的双耳、如铃似的双目和高高扬起的头,突出显示了马的神骏和机警。

铜车马盛施彩绘和装饰。两乘车马都以大量的金银构件作为装饰，金银装饰零件接近 4000 件。以二号车为例，共饰有金件 737，银件 983，点缀在车辆醒目位置和主要驾鞍马具上，如银辖軎、银弓爪、金银络头、金银缰索等等，把车马装饰得流光溢彩，浮金耀银，尊贵显赫。

铜车马彩绘图案装饰遍及车辆的每一个角落，用到朱红、粉红、绿、粉绿、翠绿、深蓝、天蓝、白、黑、褐等多种颜料。图案别致、独特、完美，整体风格的创造把握非常娴熟准确，把一辆形体大、零件多、构造复杂、彩绘量大，因而容易产生零乱现象的车舆装饰得绚丽多姿，富于变化，而又统一、大方、和谐。铜车马图案总数约在百处以上，按类型分有十余种。但是主要使用的图案只有四种，既夔龙夔凤纹、菱花纹、云气纹和几何纹。主要纹饰的使用也相对集中，有精心安排的区域和适合的主次。纹饰的繁简和体量、布排的疏密、顺序和照应都掌握得恰到好处。布设娴熟，施绘灵活，变而不乱，妙趣横生。

高级官吏俑

【秦　镇馆指数★★★★☆】

秦兵马俑坑出土陶俑数目惊人。秦代的雕塑艺人在制作这些陶俑时，参考了秦人军人的形象，同时把自己的心血也熔铸进了这群泥塑军人的身上。所以，人们说秦俑七千，栩栩如生，各有性格，各有心思。而这些陶俑的性格和表情，大体都与自己的阅历、年龄、身份相吻合。那些士卒，出身贫苦，地位低下，且因秦代暴政的压迫，表情中流露出哀怨、凄苦、愁闷和不安的心态，也有些表现出干练坚决，勇于向前的决心，所以，被国内外一致视为古代艺术珍品。它们同古代希腊、罗马的雕塑有许多不同的地方，可以说是东西交映，各秀一枝。秦俑在许多方面代表了古代东方艺术的特点。但是，在塑造人物方面，它同希腊、罗马艺术又有共同的地方，这便是写实地刻画出人物的性格。在我们面前的这尊高级官吏俑（也有人称将军俑、军吏俑），便向人充分地展现出了秦代高级军吏的威仪。

秦兵马俑坑中出现的这类高级官吏俑，到目前为止仅发现十件左右，占已出土的兵马俑千分之六不到。它们各

有特色,有的面目和善,有儒将之风范;有的沉勇坚毅,表现出指挥若定的气概。这尊武将俑出于一号坑。身高1.97米,肩宽55厘米,头戴鹖冠,显得身体伟岸,气宇轩昂。(鹖冠,据《后汉书·舆服志》说:武冠,加双鹖尾。鹖是一种鸟的名字。)《山海经·中山经》的郭璞注中说,"似雉而大,青色有毛,勇健斗,死乃止。"可见,以鹖冠为武冠,在于激励将士勇敢善战。战袍外,有细密的腹甲和背甲,保护着前后的重要部位。胸前、背后均有三朵璎珞,显示着身分不同于一般军吏。这好像是现代军队中的肩章一样。足登翘尖履,上下浑然一体,沉着勇猛。如果再看看它的面部,则不能不佩服艺术工匠们的匠心独运。它面长24厘米,面宽22厘米,面方,呈"用"字形。面部肌肉丰削适度,耳大鼻高,眉棱突起,双目凝视前方。目虽不大,但却给人一种凌厉严峻之感。双唇紧闭,唇上浓浓的八字胡及两腮下的浓须,更增加了神态的威严。宽阔的前额,丰厚的下巴,显得睿智和沉雄。同其他的武将不同的是,双手交于下腹,右手贴于左手背上,作挂剑姿态。整个雕塑的形象完美地统一于一个思想,即塑造出一位坚毅、沉勇、果敢、睿智的秦军高级指挥官的形象。就连露出袖外的那一段滚圆的手臂,也给人以力量的感觉。

这尊武将俑从形象的刻画上，使人能够觉察出其内心世界和精神气质，从而也突出了塑像的性格特征。雕塑艺人不但用雕塑语言告诉人们一位指挥若定的秦代武将的威仪，更在于它调动了雕塑的各种技巧，完美、和谐地提供给后代一个美的形象。罗丹说过："在艺术中，有性格的作品，才真是美的。性格就是外部真实所表现于内在的真实，就是人的面目、姿势和动作……所表现的灵魂、感情和思想。"

西南西北博物馆 | 镇馆之宝

碑林博物馆

大秦景教流行中国碑

【唐　镇馆指数★★★★★】

西安碑林第二室里立着一通名叫"大秦景教流行中国碑"的著名石碑,人们称颂它是研究中、西交通史的珍贵资料,是缀在丝绸之路这条五彩丝带上的一颗闪闪发光的宝石。

此碑于唐建中二年(781年)2月4日由波斯传教士建立于大秦寺的院中。碑文由波斯传教士景净撰刻,朝议郎前行台州司参军吕秀岩书并题碑额。碑身高197厘米,下有龟座,全高279厘米,碑身上宽92.5厘米,下宽102厘米,正面刻着"大秦景教流行中国碑并颂",上有楷书三十二行,行书六十二字,共1780个汉字和数十个叙利亚文。

碑文上说的是唐太宗贞观年间,有一个从古波斯来的传教士叫阿罗本,历经跋涉进入中国,沿着于阗等西域古国、经河西走廊来到京师长安。他拜谒了唐天子太宗,要求在中国传播波斯教。此后唐太宗降旨准许他们传教,景教开始在长安等地传播起来,也有景教经典《尊经》翻成中文的记载。碑文还引用了大量儒道佛经典和中国史书中的典故来阐述景教教义,讲述人类的堕落、弥赛亚的降生、救世主的事迹等。碑文虽系波斯传教士撰写,但他的中文功底极其深厚。

此碑明天启三年(1623年)出土,当时许多西方各国有不少的传教士得知后,争相拓片,把

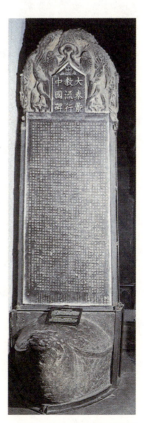

【大秦景教流行中国碑】

碑文拓片译成拉丁文寄往欧洲本国。当地人怕此碑被他们盗走,秘密地把碑抬到附近的金胜寺内,竖起来交寺僧保管。

清文宗咸丰九年(1859年)武林韩泰华重造碑亭,但不久因战乱碑寺被焚毁,碑石暴呈荒郊。西方一些学者主张将此重要的景教文物运往欧洲保管。1891年欧洲某公使馆请求总理衙门设法保护大秦景教流行中国碑,总理衙门汇出100两银子,但到陕西时只剩下5两,只能草草搭一小蓬遮盖。20世纪初,丹麦人傅里茨·何尔谟出三千金买下此碑,准备运往伦敦。清廷得知,立刻通令陕西巡抚制止,陕西巡抚派陕西学堂教务长王猷君与荷尔谟协商,最后何尔谟同意废除购买合同,但何尔谟获准复制一个大小相同的碑模带回伦敦。复制的大秦景教流行中国碑模版,十分逼真,几可乱真。1907年陕西巡抚将《大秦景教流行中国碑》入藏西安碑林安置。何尔谟回伦敦后又依照大秦景教流行中国碑模版,复制了一批,分派各国大学和朝鲜金刚山长安寺。

昭陵六骏石雕

【唐　镇馆指数★★★★★】

昭陵是唐太宗李世民和文德皇后的合葬墓。墓旁祭殿两侧有庑廊，"昭陵六骏"石刻就列置其中。

唐太宗李世民打天下时，每战必乘骏马冲锋陷阵。在两军对垒中，他常亲率精骑冲击敌方战阵，每每穿阵而过，谓之"贯阵"。可以毫不夸张地说，李世民是在马上得的天下。"六骏"原型，是唐太宗李世民在618年至622年五年间转战南北时所乘过的六匹战马，它们都曾伴随李世民在战场上纵横驰骋。

【昭陵六骏石雕】局部

【昭陵六骏石雕】局部

【昭陵六骏石雕】局部

"六骏"分两列东西相对地放置在唐太宗陵前,马头均朝向南边的陵寝。从南向北,西侧依次是"飒露紫""拳毛䯄""白蹄乌";东侧依次是"特勒骠""青骓""什伐赤"。"六骏"每件宽204厘米,高172厘米,厚40厘米,重达3.7吨,均为青石质地。遗憾的是,"六骏"中的"飒露紫"和"拳毛䯄"两石刻在1914年时被盗卖到了国外,现藏于美国费城宾夕法尼亚大学考古与人类学博物馆,其余"四骏",先是被搬运到陕西省图书馆,后来在1950年移藏于西安碑林博物馆至今,"飒露紫"和"拳毛䯄"则是用石

【昭陵六骏石雕】局部

陕西省 Shan Xi

膏和水泥制成的复制品。

  这些以突厥语命名的战马,虽在今天读起来十分拗口,在唐代却是风光一时。"飒露紫"是李世民东征洛阳,铲平王世充势力时的坐骑,列于陵园祭坛西侧首位。"拳毛䯄"是李世民于621年平定河北,与刘黑闼(原窦建德部将)在洺水(即漳水,在今河北省曲周县境内)作战时所乘的一匹战马,此马矫健善走,周身旋毛卷曲呈黄色,故称"拳毛䯄"。"白蹄乌"因全身纯黑,四蹄雪白而得名,是武德元年(618年)李世民平定劲敌薛仁杲时所骑。石

155

刻白蹄乌昂首怒目,四蹄腾空,呈飞速奔驰之状。"特勒骠"全身黄白色,嘴角微黑,是武德三年李世民与宋金刚作战中的坐骑。"青骓"毛色雪白,是武德四年唐太宗与窦建德在虎牢关外激战时的骑乘。石刻"青骓"作疾驰状,表现了冲锋陷阵的情景。马身中五箭,前一后四,均系在冲锋时被迎面射中的。"什伐赤"是一匹波斯马,毛色纯红,非常好看,是李世民在洛阳和虎牢关与王世充、窦建德作战时所骑的战马。石刻什伐赤作飞奔状,身中五箭,都在臀部,其中一箭是从背后射来的。什伐赤作战时勇往直前,

【昭陵六骏石雕】局部

李世民就是骑着它生擒了强敌王世充。

　　世间传说，唐太宗令画家阎立本先把"六骏"形象画出，然后令工艺家阎立德刻在石屏上，置于昭陵北麓祭坛之内。他还为每一匹战马赐名作诗，记述它们的战功和风采。史传唐太宗还令大书法家欧阳询将每一匹战马的名字和御制颂词誊写于纸上，令工匠镌刻于石雕之上。虽然每一幅石雕上都留有一尺见方的凿字处，但经过一千多年的风吹日晒、雨打霜浸，如今却是看不出一个字样。

【昭陵六骏石雕】局部

景云铜钟

【唐　镇馆指数★★★★★】

碑林博物馆收藏有一件铸于唐睿宗景云二年（公元711年）的唐景云钟，此钟原为唐长安城内的景龙观（现址在今西安西大街）钟楼所用，明初移至现西安钟楼用以报时。1953年移藏至西安碑林博物馆，现陈列于二门里东亭内。中央人民广播电台曾对景云钟进行录音，每年除夕之夜作为辞旧迎新的"新年钟声"进行播放，并一直沿用。

钟和鼎一样，也是统治阶级王权的象征，"钟鸣鼎食"就是权势地位的标志。悬挂编钟，有严格的礼乐制度规定：天子宫悬（四面悬钟）、诸侯轩悬（三面悬钟）、卿大夫判悬（两面悬钟）、士特悬（一面悬钟）。封建统治者铸造巨型铜钟象征王权，这种钟也叫"朝钟"，"视朝，官出署，必用以集众。"钟也是人们心目中崇高、公正、贤明的华夏文明的象征。伟大的爱国诗人屈原"黄钟毁弃，瓦釜雷鸣"的著名诗句，就是这种象征的反映。

自唐代以后，历代封建统治者都竞相铸造各种朝钟、佛钟、道钟、乐钟，并且越铸越大，以求达到利用神权和

陕西省 Shan Xi

【景云铜钟】

政权的结合来巩固统治的目的。明代永乐年间铸造的巨型铜钟，重量达数十顿，无论是铸造工艺还是体积重量，都达到了登峰造极的地步。景云铜钟高247厘米，腹围486厘米，口径165厘米，重6吨。铸于唐睿宗景云二年（公元711年），故名"景云钟"。钟用铜锡合金铸成，铸造时分为5段，共26块铸模，钟体可见铸模痕迹。钟形上锐下侈，口为六角弧形。钟身有可调节音律的"蒲牢"形钟乳32枚，钟声纯美优雅，清脆洪亮。钟身周围铸有纹饰，自上而下分为3层，每层用蔓草纹带分为6格，共18格。格内分别铸有飞天、翔鹤、走狮、腾龙、朱雀、独角独腿牛等图案，四角各有4朵祥云，显得生动别致。钟身正面有骈体铭文一段，共292字，分为18行，每行17字，空格14字，字体为稍参篆隶的楷书。此铭文由唐睿宗李旦亲自撰文并书写，内容是宣扬道教教义，阐述景龙观的来历、钟的制作经过以及对钟的赞扬，是李旦传世极少的珍贵书迹，故此铭文为研究书法史者所珍视。

　　铜钟发音宏亮而悠扬，自佛教传入中国始，铜钟就逐渐成为佛教寺院中不可缺少的法器，名刹宝寺皆有钟。当暮霭渐合，寺院庙堂钟声回荡，木鱼橐橐，与僧尼颂经声溶为一钵，增添了莲花佛界特有的神秘气氛。景云钟铸工技巧娴熟，雕工精致，钟声清晰洪亮，音质优美，显示了唐代冶铸技术的高超水平。正是以其自身独特的形制，精美的雕刻，古秀的书体，幽邃的声音，高超的冶炼技术，跻身于世界名钟之列。

西南西北博物馆 — 镇馆之宝

西安半坡博物馆

人面网纹彩陶盆

【新石器时代仰韶文化　镇馆指数★★★★☆】

在闻名中外的西安半坡遗址的一次发掘中,考古学家清理分布在遗址居住区内的瓮棺群时,翻开一座小孩瓮棺的顶盖,意外地发现它是一件绘有精美图案的彩色陶盆,这就是人们所熟知的人面网纹彩陶盆。

这件人面网纹彩陶盆,由细泥红陶制作,呈砖红色。造型大口卷唇,斜腹浅圆底,口沿上涂黑彩,环绕陶盆内

162

【人面网纹彩陶盆】

壁用黑彩绘出人面纹和渔网纹。黄河流域的仰韶文化，拥有许多不同题材的彩陶纹样，人面网纹彩陶盆在半坡遗址发掘中第一次出土问世，此后，与之相同或相似的彩陶盆，陆续在宝鸡北首岭、临潼姜寨等同类遗址间有发现，累计总数已超过十例，其分布范围均在渭水流域区内。这样，人面网纹彩陶便成为距今六千五百至七千年间仰韶文化半坡类型的典型标记。

半坡出土的各个鱼纹彩陶标本，不可能提供地层的层序帮助我们解释这一图腾人格化的过程的合理性。但我们在半坡确实找到人面鱼身这个图腾的旗帜，并且在北首岭和姜寨等遗址也见到这个旗帜在飘扬。

仰韶文化的彩陶图案中有大量的动物形纹饰，如鱼、鹿、蛙等，以鱼纹最为典型。人面鱼纹彩陶盆是公认的彩陶艺术精品。类似内容的彩陶盆在遗址中出土了很多件，多作为儿童瓮棺的棺盖来使用，很像一种特制的葬具。人面由人鱼合体而成，人头装束奇特，像是进行某种宗教活动的化妆形象，具有巫师的身份特征，因此这类图画一般被认为象征着巫师请鱼神附体，为夭折的儿童招魂祈福。也有人认为人面与鱼纹共存构成人鱼合体，寓意鱼已经被充分神化，可能是作为图腾来加以崇拜。

陕西省　Shan Xi

西安博物院

开皇四年董钦造鎏金弥陀佛像
【隋　镇馆指数★★★★★】

这铺造像以一铺多尊的组合形式，将阿弥陀佛、菩萨、弟子、声闻、力士、供养人以及护法狮子所组成的佛国世界，完美的展现在人们面前；这铺造像不但铸就了隋代金铜造像的辉煌和荣耀，更被尊为中国金铜佛像的最高成就。

净土思想成为一宗是在唐代，但它起源于东晋的佛教学者慧远；慧远在庐山东林寺"建斋立誓，其期西方"，被后来的净土宗人追奉为净土宗的"初祖"。"净土思想"从东晋创立，经过南北朝的发展，在隋唐二代形成高峰，最终在唐代创宗，这是净土宗的发展过程。

董钦造像上世纪 70 年代出土于西安市南郊东八里村，通体鎏金，比例适度、保存完好，堪称佛教造像中的佳作。这尊造像由高足床上一佛、二菩萨、二力士、一香熏及二蹲狮组成。弥陀佛结跏趺坐于束腰莲花高座上，两掌手心朝外分别施无畏印和与愿印，螺髻、袒右肩、着袈裟，有莲瓣形顶光。胁侍二菩萨上身裸露，着项臂钏，璎珞重重，双足跣露。两躯金刚力士在前侧身相向而立，一手握拳一手执金刚杵，嗔目怒视。弥陀莲床前下置一香熏，由一裸身力士用力托撑。高足床前有一对长毛狮，筋露骨棱，十分劲健，露齿张嘴做吼叫状。

这尊通高 41 厘米、座长 24.6 厘米、宽 24 厘米的造像，以阿弥陀佛为中心，艺术地将菩萨、力士、蹲狮高低错落地安排在一起。整座造像造型端庄，金碧辉煌，是隋代造像中极罕见的珍品。尤其难能可贵的是：整尊造像由 23 个部件单独铸造、组合而成，各部件间有插榫孔眼相接，可拆卸。

在造像的高足床右侧及背面，镌刻着发愿文及赞词，

通计一百一十八字。铭文为观众解开了造像之谜——"宁远将军武强县丞董钦于开皇四年（公元584年）七月十五日敬造"，是为"皇帝陛下父母兄弟姐妹妻子具闻正法"。造像是佛教在印度产生以后即有的传统，传入中国以后即成为中国佛寺建筑的一部分，隋王朝继承了这一传统，并有所发展。接受历代帝王崇佛或废佛的经验教训，隋文帝力图建立以儒学为核心，以佛道为辅助、调和三教思想的统治政策。在民间，弥陀净土信仰流传很广，而董钦造像很生动地记录了这段佛教文化历史。

无论从造像形式、还是艺术风格上说，既体现了隋代造像艺术的高度的一致性，又表现出其各自的独特性。将隋代佛像艺术的成就通过高超的金铜铸造水平完美地表现出来，并将隋代金铜造像艺术推向中国金铜造像艺术的最高峰。

而对于隋代佛教造像的艺术评价，过去许多学者总是简单地将整个隋代称为佛像艺术的过渡期，中国的佛像艺术是在隋唐二代达到其中国佛像艺术的顶峰；那么隋代，是以小型的金铜造像为前奏，以"金铜阿弥陀佛整铺造像"为代表，率先进入了它的辉煌的顶峰；而大型的石刻造像紧接其后，以龙门石窟奉先寺的唐代卢舍那大佛为代表，将唐代佛像雕刻艺术推向了中国佛像艺术的顶峰。因此，隋唐佛像艺术作为一个不可分割的载体，将南北朝发展了近三百年的佛像艺术，作了高度的总结和发展，创造了中国佛像艺术的最辉煌的顶峰。

西南西北博物馆 镇馆之宝

大唐西市博物馆

耀州窑青釉牡丹纹尊

【宋　镇馆指数★★★★☆】

耀州窑的地位很高，在文献中有"巧如范金，精比琢玉"的记载。刻花纹饰曾受越窑、龙泉窑刻花青瓷的影响，刻花题材丰富，牡丹纹是常见的装饰题材之一。耀州窑始于唐代，当时烧黑、白、青瓷，在宋代青瓷得到较大发展，北宋末为鼎盛期。其窑址位于陕西省铜川市黄堡镇，旧称同官，宋代时属耀州，故名"耀州窑"，包括陈炉镇、立地镇、上店镇

【耀州窑青釉牡丹纹尊】

及玉华宫等窑在内。是宋代北方民间青瓷的主要产区之一。

宋代晚期以青瓷为主,胎薄质坚,釉面光洁匀净,色泽青幽,呈半透明状,十分淡雅。装饰有刻花、印花,结构严谨丰满,线条自由流畅。纹饰多满布器内外,种类繁多,有牡丹、菊花、莲花、鱼、鸭、龙凤等,风格粗放健美,生动自然。器形有碗、盘、瓶、罐、壶、香炉、香熏、盏托、注子温碗、钵等。

　　大唐西市博物馆收藏的耀州窑青釉牡丹纹尊，口径12.6厘米、高20厘米、底径11.5厘米。折沿，直颈，丰肩，鼓腹，圈足。该尊器身满布缠枝茎叶的萱草纹，围绕在牡丹花的周围，颈肩结合处刻有两周弦纹，肩部刻有一周草叶纹。胎体灰白，较薄，质地坚密，通体施青釉，色泽光润，青中闪黄。纹饰采用刻划结合的装饰手法，主要用金属或竹做成的工具，在未完全干透的器皿胚胎刻画出各种花纹、主题纹饰，刀法犀利，线条流畅而奔放；划陪衬纹饰时，纤细如丝，排列有序，整体纹饰层次清楚，繁而不乱，有浅浮雕的装饰效果。器身丰满端庄，颇具优雅之风。

　　耀州窑以铜川黄堡镇为中心窑场，沿漆河两岸密集布陈，史称"十里陶坊"。同时还有立地、上店村、陈炉镇、玉华村等窑场，依次排列，绵延百里。经过金元兵灾及各朝代的动荡变迁，各陶场均已停烧，惟有陈炉镇延续至今，成为西北地区的制瓷重镇。陈炉镇11个村庄几乎家家烧瓷，被誉为"陈炉不夜"。新中国成立后，全镇作坊并为国营陶瓷厂，20世纪70年代，恢复了耀州窑的传统技艺，生产出耀州青瓷、黑釉及剔花瓷、白釉及剔花瓷、兰花瓷、铁锈花瓷、花釉等六大系列陶瓷。

宝鸡青铜器博物院

陕西省 —— Shan Xi

何尊

【西周　镇馆指数★★★★★】

何尊高38.8厘米,口径28.8厘米,重14.6公斤,如果不是机缘巧合,这件引起轰动的国宝也许已经与其他废铜烂铁一起被熔化了。

在宝鸡青铜器博物院的1万余件藏品中,大部分都是西周青铜器,其中最著名就是何尊。何尊是一个典型酒器,它口圆体方,造型浑厚凝重,顶部饰以蚕纹,腹饰兽面纹,

西南西北博物馆 镇馆之宝 一

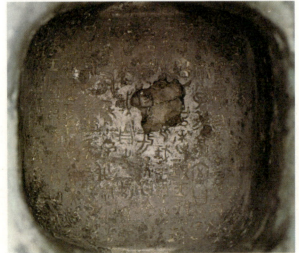

【何尊】

体侧有 4 道扉棱，富丽华贵，是西周时期一件难得的艺术珍品。由于它腹体的兽面纹华美独特，因此最初被称为"兽面纹青铜尊"。直至 1975 年在北京展览时，才被青铜器专家发现底部的铭文，证实它是西周周文王时期由一名贵族所造的祭器，这件青铜尊也就正式更名为何尊。

何尊的内底部有铭文 122 字，其中有 3 个字已残损，无法识别。铭文记载了周成王继承武王的遗训，营建被称为"成周"的洛邑，也就是今天的洛阳这一重要史实。这一史实与《尚书·召诰》、《逸周书·度邑》等古代文献的记载相吻合，也印证了《史记》上关于周初营建洛邑的记载，解决了西周史研究上的疑案，具有重要的史料价值。

此外，铭文中的"余其宅兹中国"一句，是"中国"这一个词组最早的文字记载，引起了考古界的轰动。在这里，"中国"的意思是天下的中央地区。更难得的是，从书法的角度看，何尊的铭文也是极为难得的珍品。铭文属西周早期金文，体势严谨，结字、章法十分质朴平实，用笔方圆兼备、端严凝重，十分精美。加上青铜器体形巨大，造型端庄雄伟，与书法相得益彰，呈现出一种气势磅礴的恢弘格局，为青铜器铭文书法中成就最高者，为世人所瞩目。

有意思的是，这样一件价值连城的国宝，居然是从废品堆里"淘"到的。陕西省宝鸡市东北郊的贾村原是西周遗址，这里曾出土过一些西周时期的文物。1963年，贾村一姓陈的人家，在屋后的断崖里挖到了这件青铜器，陈家人不知道是件国宝，清洗干净后，就把它放在家里装粮食用。1965年8月，陈家因经济拮据，就以30元的价格将青铜器卖给了废品收购站。一个月后，宝鸡市博物馆的工作人员老佟，来到这家废品收购站，慧眼识珠地发现了这件国宝，同样以30元的价格买入，立即搬回了博物馆，收藏至今。

就是这样一件偶然问世的青铜器，由于它精美的造型、绝妙的饰纹以及铭文所记录的历史，受到了世人的推崇和赞叹。

朕匜

【西周　镇馆指数★★★★★】

匜，是古代洗和寸的盛水用具。古人洗手是把匜里的水倒在手上，下边用盘承接，即《左传·僖公二十三年》中所谓"奉匜沃盥"的办法，意思是持匜浇水于手冲洗，这和后来把手浸在水中的洗法是不同的。匜最早现于西周中期，流行于西周晚期至战国时期，匜的形状呈长椭圆形，很像一只瓢，前面有流、后面有錾。有的还带盖。大多数底有四足，春秋时有三足和无足的匜，到战国时期都没有足了。

这件朕匜是1975年2月在陕西省岐山县董家村出土的。初看时，可能觉得它其貌不扬，像个小动物站立在那里。的确不错，这件匜是仿兽形制作的。宽宽的流，口部平直向前伸出，以便于水的倾流；圆圆鼓鼓的腹部，似可盛装大量的水。四只羊蹄形足，稳稳地伫立于地，一条圆粗的垠环垂于尾部，攘首呈兽头形状。最巧妙的是朕匜身上还带一平盖、盖前端突出呈虎头状，虎首覆于流口之上，似猛虎前瞻，与匜身口沿下的窃曲纹、凸弦纹相辉映，给器身造型注入了活力与生机，免除了单调与刻板之嫌。全器通高24.5厘米，腹宽17.5厘米，前后长31.5厘米，重3.85公斤。这件铜器自名为盉，实际是说明匜是从盉发展而来的。此匜造型别致，带有西周中期作风。

3000多年前的西周某年一天，一个叫牧牛的人，将他的管理者朕告了，"审判长"伯扬父处理这件民告官案件时，认为牧牛胆敢同管理者打官司，要定罪为诬告，判决他要送 5 个奴隶给朕，为惩罚他的诬告行为，要打他 1000 鞭子，还要在他脸上刺字，一世只能用黑巾蒙面。后来，牧牛为了减轻惩罚，就送了 3000 锾（相当于汉代 2000 两银）给伯扬父，于是伯扬父就改了判词，改判为只打 500 鞭，不用刺字，2000 两就只是作为罚金入了伯扬父的口袋。判决书还要牧牛立誓，以后不能再上诉。而如果朕要告牧牛的话，那就只能恢复受贿前的惩罚。

朕匜铭文是我国目前发现的最早的一篇法律判决书，表明了西周存在着成文的法律和系统的刑罚，突出地显示了奴隶制国家的特征和本质。为判词中除鞭刑和罚金外，墨型就有两种，一种是免职的墨刑；另一种是受墨刑后还要以黑巾蒙头。黑巾蒙头是受刑的罪隶的标志，所以重于前一种墨刑。伯扬父对这件案子的处理，是依据奴隶制的刑典判决的，处罚也适合对牧牛这种人的身份和地位的有关规定，连判词都有一定的格式。就诉讼程序而言，也应是完备的，最后还有结案书。铭文里的鞭刑、墨刑和赎刑，可与《尚书·舜典》记载的"流有五刑、鞭作官刑、朴作教刑、金作赎刑"相印证。这篇铭文是研究我国法律史的重要史料，具有很高价值。

【朕匜】

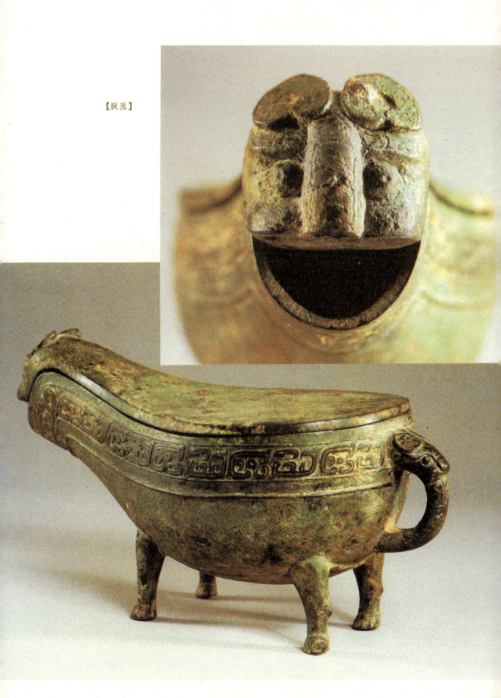

史墙盘

【西周　镇馆指数★★★★★】

地处陕西岐山、扶风两县的周原遗址，是迄今已发现的最重要的西周遗址之一，也是西周青铜器的一个主要出土地点。自清代中叶以来，这里就连续不断地发现青铜器，一些著名青铜重器，如天亡簋、大盂鼎、小盂鼎、毛公鼎等，都是在周原遗址出土的。1976年12月，周原遗址范围内的扶风县庄白村，又发现了一处青铜器窖藏，计有103件，其中最重要的一件便是这件史墙盘。

史墙盘是西周微氏家族中，一位名叫墙的人，为纪念其先祖而作的铜盘，因做器者为史官，而得此名。在青铜器中，盘是一种洗手用具，流行于商代至战国时期，常与匜配合使用，犹如现代的脸盆。古代在祭祀与宴飨时，有沃盥的礼节，即用匜浇水洗手，下面用手接水。如《礼记·内则》说："进盥，少者奉盘，长者奉水请沃盆盥卒授巾。"盥洗时，少者端着盘接水，长者用匜浇水，洗毕给一条擦手的巾擦干。这同现在的饭前洗手，不过那时是把盆洗用具端到面前来洗。

史墙盘造型精致，纹饰优美。盘通高16.2厘米，口径

【史墙盘】

遵 7.3 厘米,深 8.6 厘米。敞口,浅腹,圈足,腹外附双耳。腹部饰垂冠分尾长鸟纹,即凤鸟纹。凤鸟纹盛行于周初,这大约与周人宣扬王命天授的动机分不开。圈足部饰两端上下卷曲的云纹。全器纹饰均以回旋线条组成的云雷纹填地,显得清丽流畅。

盘内底部刻有铭文 18 行,共 284 字,盘铭记述了西

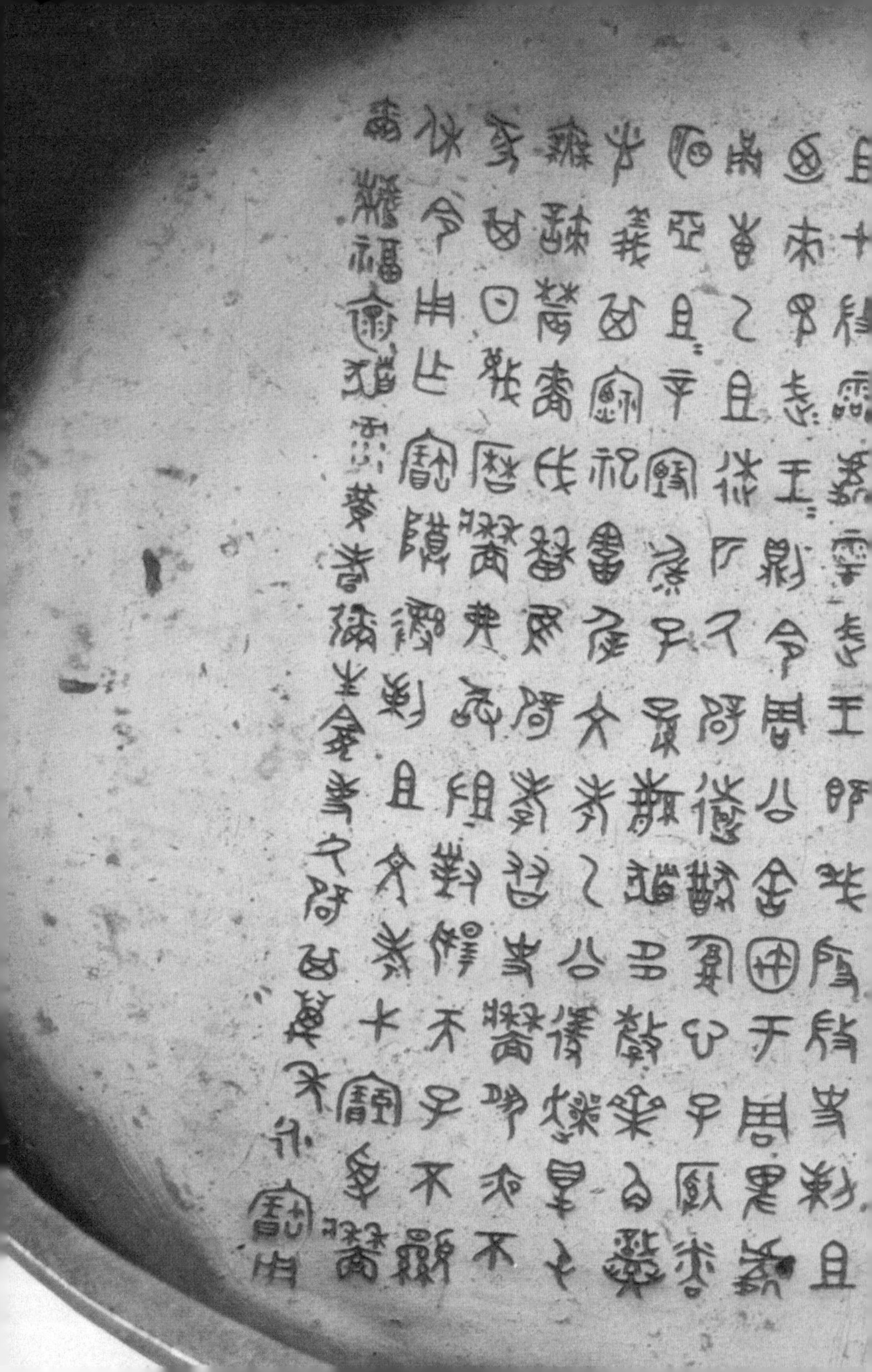

唯古文王初𢾱龢于政上帝降懿德大甹匍有上下迨受萬邦𢦏𢦏𤕦𤕦成唐有敢才帝所尃受天命伐夏司�𪧇氒𡉚𥝣𪧇氒士唯王廿又三祀

周文、武、成、康、昭、穆六王的重要史迹以及做器者的家世，对于研究西周的历史极为重要。铭文所记西周历史至穆王时止。因此人们一般认为此器属西周共王时所制。铭文内容可分前后两部分：前半部颂扬周初文王至穆王的业绩与功德，这在金文中还是初次见到。如叙述周武王征讨四方，达殷，攻打东夷，可作为《逸周书·世俘》所述武王征伐四方事迹的补充；后半部为墙自叙其家族自远祖以来侍奉周王朝的历史。微氏家族世代为周王室的史官，有人认为他们是微子的后代，属商朝的遗民。文献记伐武王灭商以后，微子启降周，并使其子来见周武王、即铭文中所说："越武王既载殷，微史剌祖乃来见武王。"到乙祖时出仕于周朝，是周王的心腹大臣。铭文最后说明，墙为了赞扬其先祖功德并祈求多福，而作器以为纪念。据铭文可以排出史墙以前五代时世系，加上史墙的儿子兴，一共七代。

史墙盘为我们研究西周的历史、政治制度，包括社会经济等方面，提供了重要史料。从文字学角度看，盘铭文体也特别爱用四字句，似乎可以说，这盘铭是已知的时代发现最早的明显骈文风格。

陕西省　Shan Xi

法门寺博物馆

捧真身菩萨

【唐　镇馆指数★★★★★】

捧真身菩萨是法门寺地宫内最惹人注目的供养器之一。菩萨原置于地宫中室的东北角，是用内充香料的带银棱的檀香木顶宝函盛放的。经过一千多年岁月的侵蚀，木函已朽，我们从香料堆中清理出了这尊菩萨。从地宫内出土的《监送真身使随宾身供养道具及金银宝器衣物帐》上得知，菩萨是僧头澄依供奉的。释澄依不见史册，但能为

皇帝制作如此贵重的专门供养佛指舍利之供养器，其地位及财力都是不寻常的。

唐代的高宗、武后、中宗、肃宗、德宗、宪宗诸朝，均曾将舍利迎入宫内，以殊礼供奉，这在唐代是皇室中的大事。捧真身菩萨却告诉我们，咸通末年，舍利迎入宫内，即置于菩萨双手捧着的荷叶形匾内，以供帝后们膜拜，因之，称为"捧真身菩萨"。

捧真身菩萨头戴化佛花蔓冠，上身袒露，斜披被帛，双臂饰钏，双手捧着上置发愿文的鎏金银匾的荷叶形银盘，下着羊肠大裙，双腿左屈右跪于莲座上，通身装饰珍珠璎珞。金匾呈长方形，有匾栏，长11.2厘米，宽8.4厘米，栏上饰16朵宝相花，衬以蔓草，匾上鉴文十一行65字："奉为睿文英武明德至仁大圣广孝皇帝，敬造捧真身菩萨永为供养。伏愿圣寿万春、圣枝万叶、八瑞来服、双海无波，咸通十二年十一月十四日皇帝延庆日记。"金匾两侧以销钉套环扭护棍相连护板，长方形，长6.6厘米，宽3.5厘米，边缘饰一周几何纹样的草叶，内饰联珠纹一周。护扩板中镂空成兰钻金刚杵，四周衬以缠枝蔓草。莲座上部呈钵形，顶面八曲，边饰联珠，顶面与底面均錾梵文，莲座上部为四层仰莲瓣，每层八瓣，上两层莲瓣内各有一尊有首光或背光，执莲、捧琴或结枷跌坐的菩萨或声闻伎乐，两侧衬以缠枝蔓草。鼓形束腰，与上下莲座套接。束腰四周分别錾执剑、执斧、执塔、挂剑的四大天王，余白錾三钻金刚杵。下莲座呈覆钵形，饰双层覆莲各八瓣，内层莲瓣内各錾一梵文，外层各錾八尊三头六臂金刚，均有背光。座下有方族，饰联珠与莲瓣纹一周。内层中心錾十字交叉的三钻金刚杵，两通重侧各有一行龙，并衬以流云纹。高 38.5 厘米，菩萨高 21 厘米，1926 克。

唐末先有庞南天浙东裘甫起义，继有徐州戍兵勋反叛，牙兵骄横，藩镇割据诏内侵，关东大旱，内忧外患灾人祸。李催实想通过启迎佛骨，缓和阶级矛盾，安定政治局面。但由于武宗李炎于会昌年间灭佛，佛指舍利存世与否尚不可知。据地宫中出土的《大唐送迎岐阳真身志文》碑载："武皇帝荡灭真教，坑焚具多，衔衰宪命者碎影骨，上以塞君命。盖君子从权之逆也。"二十五年后，懿宗想迎佛骨，自然就要寻找真佛骨。所以，真身志文碑载："乃有九陇山禅师益贡……朝夕结坛于塔下，果获金骨，潜符圣心，以咸通十二年八月十九日得舍利于旧隧道之西北角。"于是，僧头澄依即于是年十一月十四日皇帝延庆节供奉捧真身菩萨，实质是催促懿宗早下决心迎奉法门寺佛指舍利。但朝野鉴于宪宗元和十四年迎奉佛骨而突然去世之教训，对是否迎奉分歧严重。直到李催说了"且得相见，断而无恨"的话，才结束了长达三年的争论。咸通十四年三月二十三日，从地宫中迎出舍利，四月八日经京城长安的安福门送入宫内，放置在捧真身菩萨的荷叶盘上供养。因此，这尊捧真身菩萨既是唐代最隆盛的崇佛产物，也是有唐一代最后一次迎佛骨的见证。

这尊菩萨的历史价值还在于，它是迄今为止唯一有皇帝名号的文物。唐代金银器物虽多，但却指不出明确的物主。捧真身菩萨的发愿文匾上，开宗明义第一句即说："奉为睿文英武明德至仁大圣广孝皇帝，敬造捧真身菩萨永为供养。"《旧唐书·髯巷苹纷》十二年春正月戊申，宰相路耀率斌百僚上徽号曰：'睿文英武仁大圣广孝皇帝'，御含元殿，册礼毕，大赦。"说明它的物主是唐懿宗李催。

鎏金双蛾纹镂空香囊
【唐　镇馆指数★★★★☆】

水香在我国使用较晚。古代除虫驱秽，净化氛围常用熏香。夜阑含暖，清霄吐雾，朱火慢燃，青烟飘扬，润气蒸香，麝兰生芳，顺风入怀，四座欢畅，这就是熏香时的情景。唐代诗人温庭筠在《咏博山炉》诗中写道：

博山熏香欲成云，锦段机丝拓鄂君。
粉蝶团花飞转影，彩鸳双泳水生纹。

不仅形容了缥缈的香霭，而且还描述了熏炉制作的紫绮富丽。但更令人惊异的是《西京杂记》中说："长安巧工丁缓者，又作卧褥香炉，一名被中香炉。本出房风，其法后绝，至缓始更为之。为机环转运四周，而炉体常平，可置之被褥，……"这种"卧褥香炉"原不知其名，因其形状称为"袖珍熏球"。法门寺地宫出土的《衣物帐》中，有僖宗贡奉给佛指舍利的香囊二枚重十五两三分"的记载，经账物核对，证实已往称为袖珍熏球者在唐代名为香囊。这样，使我们明白了香囊并不是用香料和丝织物缝缀而成

的香包,而是以金银制成的球状熏香器皿。从而清楚了唐明皇李隆基在至德二年,让高力士到马嵬坡寻找杨玉环尸体时,尸体已腐朽,"唯香囊在"的道理了。

　　唐长安京城附近,自新中国建国后先后出土香囊五、六件,但直径均在5厘米左右。这次法门寺地宫出土的鎏金蛾纹镂空银香囊,直径5.85厘米。持平环分别为3.8、4.8厘米,香盂径2.8厘米,腹深1.0厘米,链长17.7厘米,总重87克。香薰系钣金成型,纹饰部分鎏金,通体呈圆球状。上半球体为盖、下半球体为身,以铰链相连,子母口扣合,通体镂空,纹饰上下对称。半球面上散点分布三个圆形规范,錾有四只蛾,球冠有弧形等边三角形,有内切圆于其中,圆内镂空成阔叶纹。盖顶铆接环纽,上套莲蕾形环节,其上再套置U形长链,钩状司前控制上下球体之开合。香囊内之香盂用短轴铆接于内层持平环上,外环又与下半球体用短轴铆接,内外环之间亦用短轴铆接,在圆球滚动时内外环也随之转动而香盂的重心始终在下,因而保持了香盂处在平衡状态。在地宫中,还出土了一件迄今为止直径最大的香囊,即鎏金双蜂团花纹镂空银香囊。直径达12.8厘米,重547克。其制法、结构与小香囊完全相同,镂空球体、合页相连,钩状司前,体内有两个同心圆持平环，U形银链下端有莲蕾饰物。上下球体均饰五朵双蜂团花纹，球底饰折枝团花，通体为镂空的阔叶纹样。这两枚香囊虽然属晚唐时代，但其工艺极为精湛，制作水平不亚于盛唐。

这些香囊能够放置于被褥之中或系于衣袖之内的奥秘，全在于球体内有持平机环的装置。以鎏金鸿雁纹镂空银香囊为例，下半球体内有两个同心圆环和一枚焚香金盂，同心圆环之间以及圆环与焚香盂之间，均以对称的活轴关联并将外环与球壁铆接在一起，机环与香盂本身都可随重力作用保持盂面与地面呈平行的状态，因此，无论球身如何转动，盂面始终朝上，不致使香灰或火星外逸，因此，可置于衣袖或被褥之中。这种持平装置，完全符合陀螺仪的原理。而陀螺仪乃是今日航空、航海不可缺少的仪器，在欧美都是近代才发明的。而我们的持平环却最晚在一千二百年前已实际运用了，足以说明我国古代人在金属工艺及机械制造方面的高度成就。

鎏金双鸳团花银盆

【唐　镇馆指数★★★★★】

唐代金银器皿中，盆是很少见的。目前知道，何家村有两件素面金盆，丁卯桥有一件素面银盆、一件摩羯纹银盆。它们直径仅 34 厘米左右。但在法门寺地宫中，发现了唐代最大的银盆——鎏金双鸳团花银盆，通高 14.5 厘米，口径 46 厘米，足径 28.5 厘米，总重 6265 克。浇铸成型，花纹契刻，纹饰鎏金，鱼子纹底。盆为葵瓣形侈口，圆唇，斜腹下收，矮圈足。盆口錾一周莲瓣纹，盆壁分为四瓣，每瓣錾两个阔叶石榴团花；团花中有一只鼓翼鸳鸯立于仰莲座上，两两相对，余白衬以流云和三角阔叶纹，盆腹内外花纹雷同，犹如渗透一样。盆底类似浅浮雕，有以一对嬉戏鸳鸯为中心的阔叶石榴大团花。盆外两侧各铆接两个前额刻"王"字的天龙铺首，口衔饰有海棠花的圆环，环上套接弓形提耳。圈足微外撇，外饰二十四朵莲花。盆底外壁錾有"浙西"二字。

这件大银盆，放置在地宫后室正中，在后室四隅，又分别放置有盛放香汤的瓶各一枚，每枚瓶底以墨书写有"东"、"西"、"南"、"北"字样。这样的布局，使人们很

【鎏金双鸾团花银盆】

容易与浴佛、灌顶的仪轨联系起来。古天竺国王即位时，以四大海之水，灌于顶而表祝意。密教仿此世法，对悉达多太子亦行灌顶之礼。按《大日经》云：取四大海之水，以四宝瓶盛之，置太子像于坛中，以水流注太子之顶，目的为使佛种不断。那么，大银盆即为设坛之用，四枚阏伽瓶则盛四海之水。灌顶为密教仪轨，浴佛则与其略异。

宋赞宁著《僧史略》说："浴佛者，唐义净三藏躬游西域，见印度每日禺中（正午），维那鸣钟，寺庭取铜石等像，于盘内磨香或泥，灌水以毡揩之。……问：'浴佛表何？'通曰：'象佛生时龙喷香雨，浴佛身也。少然彼日日灌洗，则非生日之意。疑天竺多热，僧既频浴，佛亦勤灌耳。"所以，中国浴佛只是在农历四月初八佛诞日，禅家更于农历十二月八日佛之成道日浴佛。当然，浴佛或灌顶并不是用的四海之水，而是专门有灌佛香汤。这些香汤是由七至十一种妙香组成的。《象器笺》有浴佛香汤方：沈香（一两）、白檀（一两）、甘松（半两）、丁子（半两）、熏陆（半两）、芍药（半两）、郁金（一钱三分），此七种盛净布囊，投挡内，煎熬成香汤，才用来浴佛或灌顶。

大银盆外底刻"浙西"二字，表明了该银盆的制造地点为唐代的浙江西道。而地宫中大部分金银器为文思院所造。因此，知道这批金银器物最少来自京城长安及南方两个产地。唐代宗永泰(765—766)以后，浙西道观察使常设于润州(今镇江)，故这件银盆应为润州产品，这是迄今为止明确知道为南方出产的金银器皿。这件大银盆装饰特点是，盆壁内外花纹完全雷同，好似渗透过来的；以阔叶团花、石榴团花为主要装饰；如意云头变得繁复华丽；器口有一周莲瓣纹。整个器物富丽堂皇，不同凡响。掌握这些特点，对于我们今后研究南方金银器，探讨南方金银工艺的水平，具有重要意义。

镇馆之宝 西南西北博物馆

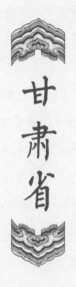

甘肃省

Gan Su

提起甘肃，人们脑海中所闪现的除了孕育着古老华夏文明的黄河文化之外，更多的恐怕就是如梦幻般的一条线路——丝绸之路。有人说，几千年来的中国古代史一直在上演西部片，而这电影的胶片，就是由华丽的丝绸引发出的漫漫历史。德国地理学家李希霍芬于1877年为这条东起中国古都长安，西达地中海东海岸安都奥克，全长7100余公里的线路，取了一个极富诗意的名字——丝绸之路。丝绸之路开辟于公元前2世纪末，是沟通古代东西方经济、文化交流的重要桥梁。它沿途所经之地产生的美索布达米亚文明、花剌子模文明、印度文明与中国文明，是当今世界主要文明的母胎。著名国学大师季羡林先生曾经说过"当今世界历史悠久、自成体系、影响深远的文化体系只有四个，就是古希腊、伊朗、印度与中国，再没有第五个；而这四大文明汇流的地方只有一处，就是中国的敦煌和新疆地区，再没有第二个。"而这一处所指，其实就是整条丝绸之路的精华部分。

丝绸之路在甘肃段全长1600多公里，行至兰州时被分为北路、中路和南路三条线路。可以说每一条线路都是众多古人智慧的结晶。联合国教科文组织曾对"丝绸之路"的中国段进行考察，准备把这座沟通东西方文明的桥梁作为"文化通道"项目展开"申遗"。在2004年召开的第28届世界遗产大会之前，我国被列入世界文化遗产名录的项目共有29处。其中，万里长城作为一个整体项目在甘肃省有着完好的保存，加上敦煌莫高窟，可以说，这两处是丝绸之路在甘肃段最为耀眼，也最为知名的地方。这里有举世闻名的天水麦积山石窟、夏河拉卜楞寺、炳灵寺石窟、武威雷台汉墓、嘉峪关及莫高窟，都是串联在丝绸之路上的文化瑰宝，也都是大家耳熟能详的地方。可提到中国石窟的鼻祖——武威天梯山石窟和西藏纳入中国版图的见证——武威白塔寺等等，许多人恐怕还闻所未闻，殊不知，它们更是"丝绸之路"上的奇葩。

甘肃省博物馆

马踏飞燕

【东汉　镇馆指数★★★★★】

武威城北一公里处的夯筑土台,上面建有雷祖观,故得名雷台。多年来,人们都把它当做道观的基座来看待,焚香求助,寄情不老,殊不知下面却隐藏着一座东汉晚期的大型砖室墓葬。雷台汉墓于1969年被挖防空洞的农民发现,后经文物部门清理,共出土文物231件,其中铜车马仪仗俑为考古发掘中所罕见,包括那件方阵前面的铜奔

【马踏飞燕】

马,也就是我们后来称呼的"马踏飞燕"。

墓室曾多次被盗,最明显的是在二进的墓墙和穹顶间,有个 80 公分左右的圆形洞痕,从其所选的位置和与墓室相类似的堵洞砖头分析,有可能是墓室建成没多久即被盗掘,为修墓者所为。

1971 年 9 月 19 日,著名学者郭沫若在陪同柬埔寨宾努亲王访问兰州的间隙到甘肃省博物馆参观陈列室时,被雷台出土的铜车马武士仪仗队深深地吸引,特别是对铜奔马赞不绝口,称赞其"是一件罕见的艺术珍品。"回到北京的第二天,他与国家文物局局长商定将武威雷台出土的文物调到北京,充实到正在故宫举办的"1966-1976 年间出土文物展览"中,并专门向周恩来总理作了汇报,他还给铜奔马起了个形象的名字——"马踏飞燕"。

铜奔马昂首嘶鸣,呈飞奔状,肌肉发达,三足腾空,右后足踏着一只飞鸟,寓意风驰电掣,天马行空,同时又给人以稳重感,表达了古人丰富的想象力和强烈的浪漫主义情怀。骏马在中国古代是作战、运输和通讯中最为迅速有效的工具,而强大的骑兵也曾经是汉朝反击匈奴入侵,保持北部地区安定必不可少的军事条件,所以汉人对马的喜爱超过了以往的任何一个朝代,并把骏马看做是民族尊严、国力强盛和英雄业绩的象征。骏马只有右后足落在一只展翼疾飞的龙雀背上,粗壮圆浑的身躯显示了它强大的力量,但其动作又是如此轻盈,以致于人们似乎忘记了它只是通过一足就将全身重量都放在了一只小小的龙雀身上。它嘶鸣着,额鬃、尾巴都迎风飘扬,充满了"天马行空"的骄傲。

铜奔马是在汉代社会尚马习俗的影响下产生的具有重要价值的青铜工艺品。马是汉代社会的重要交通工具、军事装备和农业生产畜力。汉朝政府给马立"口籍",武帝作《天马歌》,马在各种场合被神化和奉颂。汉代社会盛行车马冥器随葬,视马为财富的象征。汉代的"车马出行仪仗队"和"出行图"在墓葬壁画和画像石、画像砖上是常见题材。铜奔马别具一格,与其他车马相互衬托,体现了墓葬随葬冥器的普遍性和特殊性的统一。汉代开拓疆域,通西域,设河西四郡,马发挥了独特的作用。根据河西汉简的记载:马被广泛地用于交通驿站、长城防御、军事行动、民族和亲等方面。史料记载,汉武帝曾3次派人到西域求乌孙马,马在汉代可谓战功赫赫,功绩卓著。

在汉通西域的过程中,中原王朝与亚欧大陆其他国家的交往更加频繁,丝绸之路进一步繁荣。铜奔马就是在统一多民族国家发展壮大的过程中,在中西交往的时代背景下出现的一件代表中华民族艺术成就的杰作。

甘肃省 — Gan Su

天水市博物馆

屏风式石棺床

【北朝　镇馆指数★★★★☆】

　　珍藏于甘肃省天水市博物馆的北朝贴金彩绘屏风式石棺床1982年出土于甘肃天水市秦州区石马坪村文山顶。该石棺床由床体及十一块屏风组成，雕工精湛、内容丰富，部分饰以红彩、外施贴金，十分华丽。

　　中国历史文化名城天水，是丝绸之路古道重镇，地上地下文物极为丰富，继大地湾、放马滩国家级文物面世以

207

【屏风式石棺床】

后，在古秦州石马坪发现了一座罕见的石棺床墓。

1982年6月，因修建南山自来水水库，在石马坪水库工地发现了一处石棺床墓，由市文化馆负责现场发掘，该墓深埋地下5米，自东向西，规模宏大，全墓长8.2米，墓葬内全用绳纹砖和素面条砖垒砌而成。甬道口有弧形墓门，亦用绳纹砖垒砌封闭，甬道长4米，宽1.8米，甬道末端有一砖砌弧形门通向墓室，墓室结构为方形盝顶墓，墓室四周各宽4.2米，高3.44米，墓顶呈弧形，由薄厚不同的28层素面条砖组成，垒砌时薄厚砖相间，其中厚砖20层，便于弧顶形成。墓室中央放置石床，石床坐南向北，床长2.22米，宽1.12米，石棺床由条板石和11块画像石屏风组成。床分床座、床板、屏风三个部分，床座正面分上下两层，均由画像石组成，上层刻系列鼓乐队和伎乐队，下层刻伎乐神兽，床沿刻枝忍冬等，并施金彩，十分华贵。石床两端，各有一狮形镇兽墩座，两兽挺胸抬头怒目直视。石床两端还放置镇墓俑三个，左二右一，作法古朴，线条粗犷。床面东端发现一黄金鬓钗，床面无死者骨骼，但在淤泥与床面粘结层面上，发现有附着的腐朽丝绸残痕，疑该墓为衣冠葬。棺床西侧有志石一方，由于多年泥水冲刷，看不清字迹，疑为墨笔或朱笔书写，墓志石旁边还置有灰陶浅绳纹罐一个。这个墓葬由于墓顶有塌洞，致使雨水常年冲渍，墓室全被淤泥填埋，淤泥深达 2.74 米，淤泥至墓顶仅有 70 公分空间。

该墓规模大，建筑富丽堂皇，豪华极致，屏风绘画内容丰富，写实逼真，绘有楼阁高台、水榭、花园、郊游、骑射、伎乐演唱、饮酒作乐、赏景休闲、奴仆酿造等场面，都是当时社会现实生活的写照，是极为珍贵的社会历史的画卷。画面中还出现了手提画戟的射猎者，疑为该墓墓主生前形象的描写。整个画面是一幅北朝时期政治、经济、文化生活情景的真实写生，从中也可以看出丝绸之路重镇的古秦州在北朝时代的社会岁月以及秦地的自然风光，这些景况所描述的社会现象，是迄今为止的历史文献上前所未见的，也是历史文献无法代替的珍贵史料。综上所述，从墓葬形制和出土文物的特征来看，可以初步断定，该墓葬为北朝时代的衣冠冢，墓主尚待进一步考查。

甘肃省 | Gan Su

敦煌市博物馆

藏经洞写经

【唐　镇馆指数★★★★★】

敦煌写经是我国古文献中的瑰宝，自1900年敦煌写经卷在敦煌藏经洞被发现后，密藏多年的敦煌文献随即流散，许多完整的写经卷均被国外的探险家所劫掠。直到1910年，清朝学部才将劫余部分运抵北京。

敦煌藏经洞发现的写经，上起两晋，下至宋元，其中的大部分是唐代的写经卷子，并且有很多写经卷子有抄经者以及年月的题记，为人们了解唐代经生及其书法提供了不可多得的实物资料。

敦煌市博物馆所藏敦煌写经2642余卷，时间跨度从北魏到五代，其中以唐代的作品居多，这些作品距今最远的有1500年的历史，最近的也有1100多年的历史。这批写经的内容以佛经为主，如妙法莲华经、佛说三十七品经、大乘入楞伽经、瑜伽师地论、无量寿经、佛说阿弥陀经、大般涅槃经、大智度经、摩诃般罗密经等。这批写经中另有老子道德经及春秋后国语的写本各一件，这在已发现的敦煌经卷中较为少见，其学术价值和资料价值不可低估。

敦煌写经书法是中华书法艺术之宝库，写经书法具有浓厚的特色，以至于为人称为"经生体"。在师承渊源上我们却发现，经生们仍以社会流行的书法范本作为自己的楷范。敦煌写经绝大部分用笔抄写，为古代民间书法大成。卷子的抄写者大多是被人雇用的写经生或一般庶民。他们常年抄写，熟能生巧，久书成艺。有的书写雄强勇猛、大刀阔斧；有的书写娴熟娟秀，温文尔雅。书体行、草、隶、篆皆备，丰富多彩，表现自然质朴，机动灵活。其功力法度，审美情趣，都令人仰望赞叹。

敦煌写经的艺术价值很高，部分写经书法体现了唐代

雨天雲随陀羅摩訶雲随陀羅
雨栴檀沉水繽紛而亂墜
天鼓虛空中自然出妙聲
衆寶妙香爐燒无價之香
其大菩薩衆執七寶幡蓋
一一諸佛前寶幢懸膝幡
如是種種事昔所未曾有
佛名聞十方廣饒益衆生
釋梵如恒沙无數佛土來
如鳥飛空下供散於諸佛
天衣千万種旋轉而來下
自然悉周遍供養諸世尊
高妙万億種次第至梵天
亦以千万偈歌詠諸如來
聞佛壽无量一切皆歡喜
一切具善根以助无上心

书法较高水平,初唐人写《妙法莲华经》卷一《序品》后半《方便品》前半被书法界权威人士称为"笔法骨肉得中,意态飞动,足以抗颜、欧、褚,在鸣沙遗墨中实推上品。"而诸如此类的写经上乘之作,实在不少。唐代书法界推崇名家,对写经书法视而不见。北宋徽宗时,御府能收藏唐经生手写卷子,已表明对其书法水平的称许。唐写经大多是字字珠玑、篇篇玉璋的精心构思之作。以无名氏书《大乘入楞伽经》为例,行与行之间,都有清晰的乌丝栏,抄经在乌丝栏之内,整体上干净利落,十分可爱,而每一个字的布篇也多在"四方块"之内,这都是唐写经书法齐整划一的重要表现。但细观每一个字,都在四方块中极富变化,特别是突出横划、捺划等主笔,在字形中间部位的横划,多破锋直入,类同尖刀,收笔时稍事停顿,即作回锋,给人以迅疾、畅快之感。当然,这样单刀直入的笔法也是抄经速度上的要求所致。

当然,敦煌写经卷子中并不见得件件都是精品,相反,有些倒是十分的粗糙,有些楷书的基本功也是十分欠缺。民间的佛信徒拿不出钱雇人抄经,有可能自己动手抄写,这种没有经过训练的抄经显得有些粗疏也在所难免,而经过重重把关的政府抄经当然不会出现类似的情况。

从敦煌写经书法艺术中，我们体会到佛教通过写经积累功德的目的，体会到佛教对于艺术的约定，离开了这些文化的考察谈写经书法的优劣，评判其艺术水平的高低，是没有意义的。

镇馆之宝　西南西北博物馆

青海省

Qing Hai

世界上出土彩陶最多的地方,是中国的甘青地区,彩陶成为这一地区远古文化的显著标志。馆藏数量又以青海为最,仅乐都柳湾就有17000余种。其中马家窑文化的彩陶,居于诸远古文化之冠。作为新石器时代文化的重要标志,彩陶在青海流成了河。

那些奇特的造型、精美的图案、神秘的符号、巧妙的构思,使得今人对上古先民生产生活状况的遥想不再是简单的臆想与揣测。这些马家窑文化类型彩陶透露出来的灵气,穿透岁月,展示了无与伦比的发达的彩陶工艺技术。在考古研究中专家发现,以青海彩陶为代表的上古文明在青海历史上曾留下辉煌的一页,青铜时代诸文化类型在青海境内皆有遗存。除马家窑文化的彩陶外,青海地区青铜时代诸文化类型,如辛店文化和卡约文化中也有大量彩陶出现,而这些文化遗存,如一颗颗耀目的珍珠般撒落在青海境内。

相对于殷墟、夏墟所在的中原来说,青海历来被认为是远古文明不发达地区,而位于民和回族土族自治县南部黄河北岸的有着"东方庞贝"之称的喇家村,却从上世纪末开始,不断出土大型玉器、石磬等新石器时代的高等级文明遗物。在喇家村的田野中,散落着大量的陶片、石器,经考证，这些文物的历史至少在 4000 年以上，属于中国西北地区特有的古文化类型——齐家文化。在喇家遗址被发掘之前，无论考古学界还是历史学界，都对史前是否发生过大洪水无法确定，甚至认为大禹是神话人物。喇家遗址的发掘意义重大，它对四千多年前发生的那场灾难性的大洪水和地震灾害提供了有力的证据，证实了先民们经历过一个洪水时期。随着喇家遗址的不断发掘，出土了大量精美的陶器、玉器和其他生活用具，尤其是在这里出土的黄河磬王、巨型玉刀，还有那"第一碗面条"，无不震惊世界。

青海省博物馆

舞蹈纹彩陶盆

【新石器时代马家窑文化　镇馆指数★★★★☆】

　　1975 年在青海省同德县巴沟乡新石器时代遗址的一座墓葬中，发现了一件绘有舞蹈图案的彩陶盆。这个发现令在场的考古工作者狂喜不已，这是首次发现的直接描绘新石器时代先民生活的图画。考古学家们为了恢复原始社会的历史，长期以来坚持不懈地，在全国各地进行考古发掘，寻找能反映原始社会先民生活情形的一切材料，发现了原

【舞蹈纹彩陶盆】

始先民跳舞的图画后,兴奋不已。

经鉴定,彩陶盆为马家窑文化(公元前3300—前2050年)的遗物,舞蹈纹彩陶盆发现的消息一经传出,学术界为之轰动,舞蹈纹彩陶盆也由此名闻遐迩。

陶盆由泥质红陶制成。器形较大,高14厘米,口径29厘米,腹最大径28厘米,底径10厘米。大口微敛,卷唇直颈,鼓腹,小平底,口沿及内外壁均施褐彩纹饰。口沿饰钩叶圆点纹、弧线三角纹和斜平行线纹,有规律组合的纹样三组;外壁仅于腹上部施一圈由三条弦纹组成的带纹,带纹于一处合三弦纹为一,并再于交合点上饰一钩状纽结。内壁彩绘是陶盆的主要纹饰,施于口内腹上部,由三组舞蹈图案组成。舞蹈图之间以平行竖线和叶纹作间隔,上下则钩以弦纹,上部一道,下部四道,使舞蹈图看去如在舞台上演出一般。舞蹈图每组均为五人,舞者手拉着手,头面向右前方,右腿向左前方跨出,踏着节拍,翩翩起舞,所着服装不易分辨,但每人头上均有一发辫状饰物,臀部亦斜向伸出一饰物。从画面看,五人动作协调,舞姿轻松自然,情绪欢快热烈,场面也很壮阔。三组舞蹈图案描绘的内容完全相同,人物动作也都一致,且有叶纹,竖线相间隔,似为同一画面的多次重复。

　　这幅原始舞蹈图,所表演的是什么?吸引着众多学者进行探究。但现在还没有统一的解释。一说是原始社会氏族成员在举行狩猎归来的庆功会,跳着狩猎舞,表现人们在狩猎活动中分组围追堵截猎物的情景;一说是氏族成员在进行图腾舞蹈,舞蹈者头上及下体的饰物,是人们为象征某种动物而戴的头饰和尾饰,为的是把自己装扮成氏族的图腾兽;再一说是在进行祈求人口生殖繁盛和作物丰收的仪礼舞，舞蹈者头上之饰物，为发辫，故披于脑后。众说纷纭，莫衷一是。现在还确实无法评说这些看法何种为正确。原始社会的舞乐，内涵丰富，其为表现狩猎，或模仿禽兽，或从事宗教仪式，以及生殖崇拜之类，均有可能，暂且不必急于作出结论，可期待考古发掘获得更多的新发现时再来予以破译。但画面中，舞人并肩携手，连臂踏跳的情景，与《西京杂记》所记述的西汉宫内"以弦管歌舞相欢娱，竞为妖服，以趣良时。十月十五日，共入灵女庙，以豚黍乐神，吹笛击筑，歌《上灵》之曲。既而相与连臂踏地为节，歌《赤凤凰来》"的踏歌娱神活动，颇有相似之处。试看舞蹈图中，不正是五人"相与连臂，踏地为节"，婆娑起舞吗？所以，很可能这就是远古时代的乐神踏歌。

舞蹈图是远古时代的一幅现实主义佳作，不仅用笔飞动流畅，线条奔放娴熟，而且构图极佳，人物的舞蹈动作描绘得十分正确，舞姿绰约，有强烈的动态和节律感，具有极高的历史价值和艺术价值，令人百看不厌。

镇馆之宝

西南西北博物馆

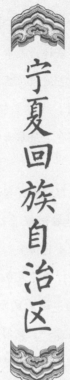

宁夏回族自治区

Ning Xia

在古老的丝绸之路上，除了被黄沙埋没的楼兰，还有另一个曾经辉煌、却在铁血征战中迅速消失的神秘王朝——西夏。在中国的边塞诗人们口中常念叨着的贺兰山下，今天宁夏回族自治区首府银川西边，有一大片西夏陵园，残存的陵台高大雄壮，人称"东方金字塔"，加上形制奇特的108塔等佛教遗存，展示着神秘的西夏王朝的盛世威风。

在有点儿类似诵经的单调而沉郁的西夏歌调和清远悠扬的埙乐声里，一件件地看湮藏了1000年后重新焕发出光彩的文物，也是一点点走进历史，与那个曾辉煌过、留下谜语无数的神秘王朝进行精神遇合的过程。

当年，这个与宋、辽、金鼎足而立了189年的国家，用的是中国最早的王朝名号——我们常说的"华夏"的源头——自称为"大夏"的。建立它的民族，被称为党项人。

从公元1034年、年纪轻轻就认定"英雄之生当王霸"的党项豪杰李元昊立国，到1227年被成吉思汗的蒙古大军灭国屠城，10代西夏王统治期间，有过无数惨烈或缠绵的故事：争抢皇位的喋血政变，"爱江山更爱美人"的风流故事，有宋、辽、金、夏诸国间勾心斗角、恩恩怨怨。一幕又一幕的生动史剧，竟在很长时间里被遗忘得干干净净。

史称"蕃书"的西夏文,是西夏开国皇帝李元昊让大臣野利仁荣等人创造,又在国内广设"蕃汉学"迅速推广开来。我国少数民族中,能自创完备的文字体系的,极少。50年里,尊奉佛教的西夏人用自己的文字译出了3600多卷佛经,也记下了自己的历史,700年后,埋藏在敦煌和黑水城的西夏文献出土,"大夏人"终于自证了他们的存在。

蒙古铁骑横扫亚欧大陆,成吉思汗亲率强兵劲旅六征西夏,遭到顽强抵抗。西夏陷落后,为了复仇,蒙古大军不光血洗西夏,后来的元朝史家更在修史叙事时有意跳过西夏这一章,使之成了唯一不入"二十四史"的王朝。党项人和西夏文明从此悲壮地消失,成为中华民族历史长卷中鲜为人知的"神秘古国"。

宁夏博物馆

胡旋舞石刻墓门

【唐 镇馆指数★★★★★】

宁夏博物馆的胡旋舞石刻墓门是1985年在盐池苏步井乡一座唐代墓葬中发掘出土的，这在唐代墓葬中尚属首次发现。出土时它是成套的两扇紧闭的石门，单扇石门呈长方形，长88厘米，宽42.5厘米，厚5.4厘米，上下有圆柱状榫，两扇门面闭合处各有一孔，出土时用铁锁锁扣。

我们可以看到，在石刻墓门上，门正面凿磨光滑。在

【胡旋舞石刻墓门】

两扇墓门上,各浅浮雕一个跳胡旋舞的男性。舞者深目高鼻,虬须鬈发,胸宽腰窄,上着窄袖衫,下身穿贴腿紧裙,类似于现在的舞蹈服,脚蹬长筒皮靴,旋身扬臂对舞于一圆形毯上。舞姿造型略有不同,左门舞者侧身回首,左脚立圆毯上,右腿后曲,左手微微上举,右臂屈至头顶,右门舞者右脚未着地,左腿侧伸,略微屈膝,右手举飘带于头上，左手旁伸作提襟状。两人舞姿热烈奔放，略有不同。周围阴刻出卷云纹的图案，营造出舞者腾云之上的意境。该浮雕同敦煌石窟胡旋舞壁画的形象、舞姿也基本相同。

　　胡旋舞是唐代非常流行的一种乐舞，出自于西域小国康国，对其只有一些史书记载，并没有实物佐证。胡旋舞石刻墓门是非常清晰、典型的胡旋舞图案。胡旋舞传入唐代之后，长安城内几乎是人人学跳胡旋舞，传入宫廷之后，更是深得唐玄宗和杨贵妃的喜爱。据说，安禄山就是善于跳胡旋舞而深得唐玄宗和杨贵妃的赏识。关于胡旋舞，白居易曾写长诗《胡旋舞》，将胡旋女的姿态神情跃然纸上：胡旋女，胡旋女心应弦，手应鼓。弦鼓一声双袖举，回雪飘摇转蓬舞。左旋右转不知疲，千匝万周无已时。人间物类无可比，奔车轮缓旋风迟。诗中说，胡旋女在鼓乐声中急速起舞，像雪花空中飘摇，像蓬草迎风飞舞，连飞奔的车轮都觉得比她缓慢，连急速的旋风也逊色了，左旋右旋不知疲倦，千圈万周转个不停。转得那么快，观众几乎不能看出她的脸和背，这种描写正突出了胡旋舞的特点。

　　这件胡旋舞石刻墓门具有极高的艺术价值。这类题材的石刻作品，是在我国唐代墓葬中首次发现，是研究唐代乐舞的珍贵资料。据1985年参与考古发掘的何继英先生

【胡旋舞石刻墓门】局部

著文回忆，在发掘 M6 号墓时，他们发现，此墓的墓道长达 26 米多，宽近 2 米，深 3.40 米，是 6 座墓中墓道最长、最深的一座，这座墓有被盗过的痕迹。石块垒砌的封门也保存完好，打开封门，露出胡旋舞石刻墓门，两扇门的合缝处各有一圆孔，孔内镶环形铁鼻，其上挂一铁锁，将墓门锁住。

鎏金铜牛

【西夏　镇馆指数★★★★★】

西夏是中华民族历史舞台上极为神秘的一个王朝，古西夏王形成了独树一帜的西夏文化，曾在中华民族历史上大放异彩。鎏金铜牛是从素有"东方金字塔"美誉的西夏王陵区 101 号陪葬墓出土，为青铜铸造而成，长 1.20 米、宽 0.38 米、高 0.45 米，重 188 公斤。铜牛内部空心，腹中尚残留铁砂内模。外表鎏金，出土时部分鎏金已脱落。铜牛造型生动，形象逼真。

1970 年代，几经努力，考古专家们终于进入地下 21 米深的西夏王陵，却发现文物已被盗墓者洗劫一空。鎏金铜牛躲过了盗墓者的魔掌,留存至今。只有表面布满的坑洞和条纹,证明着它已经经历了近千年的岁月洗礼。

从公元1034年、年纪轻轻就认定"英雄之生当王霸"的党项豪杰李元昊立国,到1227年被成吉思汗的蒙古大军灭国屠城,10代西夏王统治期间,有过无数惨烈或缠

【鎏金铜牛】

绵的故事：争抢皇位的喋血政变，"爱江山更爱美人"的风流故事，有宋、辽、金、夏诸国间勾心斗角、恩恩怨怨。一幕又一幕的生动史剧，竟在很长时间里被遗忘得干干净净。

史称"蕃书"的西夏文，是西夏开国皇帝李元昊让大臣野利仁荣等人创造、又在国内广设"蕃汉学"迅速推广开来。我国少数民族中，能自创完备的文字体系的，极少。50年里，尊奉佛教的西夏人用自己的文字译出了3600多卷佛经，也记下了自己的历史，700年后，埋藏在敦煌和黑水城的西夏文献出土，"大夏人"终于自证了他们的存在。

蒙古铁骑横扫亚欧大陆，成吉思汗亲率强兵劲旅六征西夏，遭到顽强抵抗。西夏陷落后，为了复仇，蒙古大军不光血洗西夏，后来的元朝史家更在修史叙事时有意跳过西夏这一章，使之成了唯一不入"二十四史"的王朝。党项人和西夏文明从此悲壮地消失，成为中华民族历史长卷中鲜为人知的"神秘古国"。

固原博物馆

宁夏回族自治区 Ning Xia

凸钉玻璃碗

【北周　镇馆指数★★★★★】

早在公元 3 至 7 世纪，伊朗的萨珊王朝就建立了兴旺的玻璃制造工业，能够批量生产供贵族使用的精美玻璃器皿，史上把这一阶段的玻璃称之为萨珊玻璃。萨珊玻璃器皿大多造型浑朴，用连续的圆形作为装饰。萨珊的工匠们，还发明了至今都还在使用的玻璃制作方法——吹制法，就是借助特制工具将玻璃熔液吹成空泡而成型，这样制作出

【凸钉玻璃碗】

的玻璃制品，形态更多样、更精巧。

凸钉玻璃碗 1983 年出土于宁夏回族自治区固原县北周李贤墓，碗通体呈碧绿色，内含小气泡。腹部上下错位排列两周凸边凹心的饼形装饰。碗先运用烧吹技术制成，再用雕花技术进行整形。据鉴定系波斯萨珊王朝器物。此碗完整无损，风化层少，基本上保留了原有玻璃的色泽和光亮度，体现了萨珊玻璃器形和纹饰上的独特风格和精湛的磨琢工艺，不仅在中国国内罕见，就是在国外也很少见。此碗纪年明确，对确定此类玻璃制品的年代具有尺规作用，是中西文化交流中极为重要的实物资料。

此碗经科学检验属钠钙玻璃，不同于中国的铅钡玻璃。这件玻璃碗体现了萨珊玻璃器形和纹饰上的独特风格和精湛的磨琢工艺，是我国出土的萨珊玻璃的代表，说明当时西方玻璃器已经丝绸之路输入中国，而古埃及、罗马、波斯的高级玻璃器皿价值高于黄金，中国南北朝时期上层人士斗富，往往用玻璃器皿显示其豪华，这表明魏晋时期的中国出现了中原汉族文化、少数民族文化与来自中亚、西域的异域文化兼容并蓄的局面。

波斯鎏金胡瓶

【北周　镇馆指数★★★★★】

波斯鎏金胡瓶1983年于宁夏固原李贤墓出土，长颈，圆腹，高足，足下呈喇叭状，圈足边缘饰一周联珠纹。单鋬，鋬上有一胡人头像，深目高鼻，八字短胡，短发向后梳理，是西域"胡人"的典型形象。口上有敞流。更具特色的是，器腹部錾雕有三对浮雕人像，均男女相对，似在向对方表露爱意。皆深目高鼻，头发鬈曲，袒胸露腹，有的干脆全身裸露。每人均戴披肩。

据著名考古学家夏鼐先生研究，中国和萨珊王朝及波斯（今伊朗）这两个文明古国，至迟从汉代即有来往，唐时关系更为密切。早在唐代以前，萨珊王朝的金银器便传入中国，中国的金银匠人也模仿制作。一般地说，国人制造的仿制品，器形和伊朗人所制大致相同，但是花纹的风格则往往是中国式的。宁夏出土的这件银壶，器形与萨珊王朝银壶无异，足缘的联珠纹也是萨珊式执壶的常用纹饰，那个胡人头像甚至与今天的伊朗人非常相像。因此，有人认为它可能是由古伊朗输入的萨珊王朝银器。

辛延年的《羽林郎》云："胡姬年十五，春日独当垆。"

【波斯鎏金胡瓶】局部

《少年行二首》诗曰:"五陵年少金市东,银鞍白马度春风。落花踏尽游何处,笑入胡姬酒肆中。"均说胡人女子在中国开办酒馆或在酒馆中充当女招待。据可靠记载,胡女在中国做酒家招待,可追溯到汉代,汉辛延年《羽林郎》诗即云:"昔有霍家奴,姓冯名子都,依倚将军势,调笑酒家胡。"说西汉大将军霍光的家奴冯子都,倚仗主子的权势在酒店里调戏胡人女招待。在我国古代的酒娱中,还有

【波斯鎏金胡瓶】局部

用"酒胡"劝酒娱乐的习俗。宋人张邦基《墨庄漫录》对此有较详细的记载。

除宁夏的这件鎏金胡人头像银执壶外，在内蒙古李空营子村还出土了一件胡人头银执壶，两者形制极为相似。据学者研究，它们均为典型的西域银器。它们在中国的出土，是中西酒文化交流之物证。

镇馆之宝

西南西北博物馆

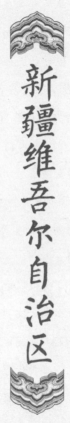

新疆维吾尔自治区

Xin Jiang

独特的地理环境、干旱的气候条件,地表、地下保存的大量文物古迹,使得新疆成为我国文物大省区之一,尤其是在草原考古方面,新疆更是成果丰盛。

在新疆一望无际的大草原上,各种考古资料种类齐全、数量众多,仅地上的文物遗存就有古城址、古烽燧、古寺庙、古碑刻、古石人、古岩画等种类。其中石人、岩画及鹿石(刻有鹿型图案的石柱)是新疆草原游牧民族的代表性的文物遗存。而地下文物主要是古墓葬中出土的草原游牧民族使用的各种生产生活用品、随葬物品等,同样具有很高的学术价值。

丝绸之路是古代中国走向世界之路,它是中华民族向全世界展示其伟大创造力和灿烂文明的门户,也是古代中国得以与西方文明交融交汇、共同促进世界文明进程的合璧之路。它犹如一条彩带,将古代亚洲、欧洲和非洲的古文明联结在了一起。在这条丝绸之路沿途遍布的古墓石窟中,大量种类繁多、工艺精细的珍贵丝织品印证了这已有2000多年历史的文明之路,也为后人展示了织绣中华民族文化光辉篇章的古老丝绸业。

新疆古代干尸,人们常把它们称作"木乃伊",实际上这是一种误称。据国内外已有的发现和研究,古尸大致可分为干尸、湿尸、冻尸、腊尸和鞣尸几种类型。新疆出土的古尸均属于干尸类型,它是一种未经人工处理而在新疆干燥、无菌、高温的特殊条件下自然形成的干尸。"楼兰美女"是迄今为止新疆出土古尸年代最早的一具,距今约有4000年历史。眼大窝深、鼻梁高窄、下巴尖翘的"楼兰美女"具有鲜明的欧罗巴人种特征。然而,关于此尸所代表的人群具体属于何种种族类型以及他们生前是当地土著还是从他处迁徙而来等问题至今在考古界仍众说纷纭。

西南西北博物馆 —— 镇馆之宝

新疆维吾尔自治区博物馆

蜡缬人物棉布

【东汉　镇馆指数★★★★☆】

1959年，新疆维吾尔自治区博物馆考古队在新疆民丰尼雅东汉遗址出土了稀世的蜡缬人物棉布，实物残片长86厘米，宽45厘米。蜡缬染色工艺技术，又名蜡染，在现代印染学中称为蜡防染色。蜡缬制品花纹饱满，层次丰富，其来源可追溯至秦汉之际的西南少数民族。据《后汉书·西南夷传》：哀牢人知染采文绣，罽叠，兰干细布，织成文章

如绩锦。当时已经熟悉蜜蜡、虫蜡和松脂等物质的防水特性，从事于织物的蜡染。《新唐书·地理志》载：在棉布上蜡染花纹，称为"土贡斑布"。蜡染的方法，主要是用蜡刀蘸取蜡液在预经平整光洁处理的织物上，描绘各种图案纹样。蜡绘干燥后，即可投入靛蓝溶液中进行防染。染后用沸水去蜡，即呈现蓝底白花的蜡染织物。这种蜡缬花布是我国少数民族的一项创造发明，他们利用当地的丰富自然资源蜂蜡、虫蜡等，以及满岗遍野生长的蓝草制成的靛蓝，进行蜡染花纹独特工艺技术，取得蜡染印花的效果。

新疆维吾尔自治区民丰尼雅东汉遗址出土的人物（佛像）花卉蜡染棉布，表明汉代的蜡缬工艺技术已经成熟。从布面呈现的花卉、人物等图案花纹的实物可知其精细的程度，为当时其他印花技术所不及。在蜡缀花布残片的原图中人物似是坦胸露乳的佛像，说明汉代佛教已从印度传入我国。在佛像的颈项上挂了一串佛珠，眼视前方，炯炯有神。手中执鲜花一束，作献花或授花之状，形象自然生动。残片的幅面，尚有一条龙纹，鳞片网纹有序，周围布满飞翔的云雀，一只野兔衔住龙尾，这是中国以龙为传统文化图案的特征。说明外来纹饰和我国传统纹饰已互相交融。

这块蜡染花布和同墓出土的白布裤及手帕等均是棉织

物。古代的棉布，又称白叠、帛既(云南少数民族)、榻布等。据《梁书·西北诸戎传》有：高昌(今新疆吐鲁番)，"草实如茧,茧中丝如细纳。名曰白叠子。国人多取织以为布。"《新唐书·西域传》："高昌……有草名白毦,缏花可织为布。"《新唐书·南蛮传》："古贝，草也。"粗者名古贝，细者名白既。可以说，我国在唐代以前的闽广、云南和新姆已有棉花的种植和棉布的生产。过去认为我国的棉布是外来的是没有根据的。

这块蜡染花布的出土，证实了我国早在东汉时，南北已有棉布生产事实，它是现存最早的一块染蜡印花织物。在印染发展史上占有重要的地位。同时，在纹样方面，已能吸收外来文化，以适应对外贸易往来的需要。

五星出东方利中国织锦护膊

【汉晋　镇馆指数★★★★★】

1995年10月在尼雅遗址发掘出土了大量精美绝伦的汉朝丝绸，其色彩之斑斓，织工之精细，实为罕见。其中一块织锦护膊（图）尤为光辉灿烂、耀人眼目，青底白色赫然织就八个汉隶文字:"五星出东方利中国",令世人震惊,被定为国宝级文物。除去文字之外,还有用鲜艳的白、赤、黄、绿四色在青地上织出的汉式典型的图案:云气纹、鸟兽、辟邪和代表日月的红白圆形纹,方寸不大内涵丰富。人们被这千年织锦"五星出东方利中国"所透出的精绝人心归中国、祈盼和平的愿望所打动,也为精绝国的命运而扼腕叹息。

此护膊面积不大,长18.5厘米,宽12.5厘米,经密为2200根/10厘米,纬密240根/10厘米,经向花纹循环7.4厘米。

织锦的右侧保留着幅边。纹样从右侧开始是一对牝牡珍禽,雄鸟站在云纹的底部,昂首挺立。它的头顶是汉隶"五"字,胸部左云纹上悬挂着一个茱萸花纹。雌鸟站在云纹上垂首面向雄鸟,其颈上方是一白色圆形纹象征"太阴",背上方是一个"星"字,尾部下方有一个茱萸纹。与"星"字间隔一个茱萸花纹的是"出"字。"东"字在两个云纹间隙之上。"东"字的左下方、一个云纹之上是一红色圆形纹象征"太阳"。"太阳"左下侧是一倒悬云纹,云纹凹进处,有一张口伸舌,昂首嗥叫的独角瑞兽,尾部下垂,背上长有一翅膀,可能是"辟邪"。兽角上方云纹上端是

【五星出东方利中国织锦护膊】

一个"方"字。"利"字隔着一个云端在"方"字左上。"利"字下方云纹的左侧是一个身着竖条斑纹、豹眼圆睁的虎形动物,后右足踩在云纹上,举步向右行,尾部高耸,刚劲有力。其尾部右侧是"中"字,左侧是"国"字。

"五星出东方利中国"8字出自《史记·天宫书》"五星分天之中,积于东方,中国利;积于西方,外国用(兵)者利。五星皆从辰星而聚于一舍,其所舍之国可以法致天下。"古代的"五星"指岁星、荧惑星、填星、太白星和辰星。天地回转,日月流逝,五星难以聚合。然而,汉元年十月,五星聚于东井,这在《天宫书》《汉书》《张耳传》《汉纪》均有记载。

此汉锦采用的青赤黄白绿五色,皆为秦汉以来发展广泛的植物染料所得。五色应为"青赤黄白黑",而该锦用色为"青赤黄白绿",其中绿应为黑,这里用了绿色,可能黑色不够亮丽而以绿色替而代之。五色的"青赤黄白黑"分别与五星的"岁星、荧惑星、填星、太白星和辰星"一一相对应。古人能在一块方寸不大的织锦上把阴阳五行学说表现得如此淋漓酣畅,实属罕见。被定为国宝级文物当之无愧。该锦的织造工艺非常复杂,为汉式织锦最高技术的代表。

对羊对鸟树叶纹锦

【北朝　镇馆指数★★★★☆】

1972年，新疆吐鲁番阿斯塔那发掘了相当于北朝(公元6世纪)时高昌古国的遗物。其中对羊对鸟树叶纹锦因同出高昌和平元年(551)墓志说明是当时珍稀实物。它残长21.厘米，宽24厘米，现存新疆维吾尔自治区博物馆。从这一地区的墓群出土的丝织品分析，它是一块随葬的面衣(班面布)。说明高昌地区也有投面的习俗。这块高昌锦与战国锦和汉锦一脉相承，是我国传统的高级丝织工艺品之一。纬丝为每厘米36根，图案的纬线循环为6根由于图案上下对称，又邻近两根交织情况相同，故交织的纬只有73根。经丝染成墨绿、白、绛红和墨绿、白、橙黄色组，而以墨绿为地色。色彩鲜艳，配合协调，给人以庄重而典雅的感觉，装饰艺术性很强。这块锦的纹饰具有变形实体和神化艺术相结合的西域风格。图案花纹中的对羊，是喻意吉祥之意。《说文》羊，祥也。《考工记》：羊，祥也，善也。羊自古以驯顺善良著称，小羊不离群，以寓孝顺。羊以毛、肉、乳三者为御寒养生的特点，一直为人们所喜爱。早在商代殷墟的甲骨文记载，羊和牛作为祭祀天地神灵的

西南西北博物馆 镇馆之宝 一

【对羊对鸟树叶纹锦】

牺牲。图中对羊相背,身有斑点,柔毛卷曲蓬松,颇似惹人喜爱的羔羊。羊角长大而后弯,形如跪立状的山羊。颈上系一条红色飘带,迎风招展,更显出它生动活泼的情趣。

对鸟纹是秦汉以来广为流传的禽鸟花纹之一。图中的鸟作直立状,似作张口鸣叫,红颈黄羽和红颈红羽,斑纹简练且突出。犹如成对的锦鸡相互嬉闹,生活气息很浓。

树叶纹饰,在许多著作中曾称为树纹锦。根据吐鲁番文书中"随葬衣物疏"的账单上,记载是树叶锦十张、树叶锦面衣一枚,树叶锦丑衣二枚、树叶锦裤一枚等。和实物图案对照,应是一片片的树叶纹,而非树纹。按树叶纹在秦汉的茱萸叶纹和叙利亚帕尔米拉出土的汉绮、北朝的树叶纹锦中均有写实的造型。图中的树叶纹非常奇特,犹如一盏盏放白光的灯树。这灯树是由一片片树叶叠加组成。这可能如佛教典籍中的"生命树",西域风味和神化相结合,象征"生命之光,永照不息"。一片片树叶用缓带捆扎在一起,又突出了叶柄主干的装饰美,并展现了大块树叶中的动态起伏,动静兼长,鲜明和谐。它是我国传统纹样吸收了印度、波斯文化习俗,作为丝绸之路上中西文化交流的见证。

中国历史博物馆　中国通史陈列.北京：朝华出版社，1998.

彭林　文物精品与文化中国十五讲.北京：北京大学出版社，2002.

首都博物馆　中国记忆：五千年文明瑰宝.北京：文物出版社，2008.

保利艺术博物馆　保利藏金.福州：福建美术出版社，1999.

国家文物局、意大利文化遗产与艺术活动部　秦汉罗马文明展.北京：文物出版社，2009.

苏士澍等　大圣遗音.北京：文物出版社，2006.

梁白泉　国宝大观.上海：上海文化出版社，1996.

新疆文物局、上海博物馆　新疆维吾尔自治区丝路考古珍品.上海：上海译文出版社，1998.

重庆中国三峡博物馆　重庆中国三峡博物馆重庆博物馆.北京：文物出版社，2005.

四川博物院　四川博物院文物精品集.北京：文物出版社，2009.

中国国家博物馆　宋韵.北京：中国社会科学出版社，2006.

陕西省文物局、上海博物馆　周秦汉唐文明.上海：上海书画出版社，2002.

四川省文物考古研究所　三星堆祭祀坑.北京：文物出版社，1999.

内 容 简 介

本书是博物馆之旅系列图书"镇馆之宝"的分册——西南西北卷，按照本套丛书致力于打造大众的第一本博物馆旅游书的主旨进行编写。本书中，作者把重庆市、四川省、贵州省、云南省、西藏、陕西省、甘肃省、宁夏、新疆等省市的博物馆珍藏文物进行分类分级整理，整理过程中兼顾博物馆的级别及文物本身的特色，书中涉及省级博物馆及极富地方特色的地市级博物馆。作者在各级博物馆中精心挑选出镇馆之宝，对镇馆之宝选择的标准就是文物本身要代表我国古代文明最高水准或可体现当地文化发展特色。

本书涉及的区域历史悠久，地域特色浓厚，馆藏文物代表了所涉及区域的历史文化发展进程，亦或代表了该区域的最高文化水平，是读者了解区域文化，走近博物馆的入门书籍。

图书在版编目（CIP）数据

西南西北博物馆镇馆之宝 / 丁尧编著. —北京：北京大学出版社，2013.9
ISBN 978-7-301-22660-5

Ⅰ.①西… Ⅱ.①丁… Ⅲ.①博物馆—文物—介绍—西南地区
②博物馆—文物—介绍—西北地区 Ⅳ.①K872

中国版本图书馆 CIP 数据核字（2013）第129306号

书　　　名：	西南西北博物馆镇馆之宝
著作责任者：	丁　尧　编著
责 任 编 辑：	张亚丽
标 准 书 号：	ISBN 978-7-301-22660-5/K·0963
出 版 发 行：	北京大学出版社
地　　　址：	北京市海淀区成府路 205 号 100871
网　　　址：	http://www.pup.cn　　新浪官方微博：@北京大学出版社
电 子 信 箱：	pup_6@163.com
电　　　话：	邮购部 62752015　发行部 62750672　编辑部 62750667　出版部 62754962
印　　　刷：	北京大学印刷厂
经　　　销：	新华书店
	880mm×1230mm　　32 开本　　8.5 印张　　244 千字
	2013年9月第 1 版　　2013年9月第 1 次印刷
定　　　价：	35.00 元

未经许可，不得以任何方式复制或抄袭本书之部分或全部内容。

版权所有，侵权必究

举报电话：010-62752024　　电子信箱：fd@pup.pku.edu.cn